TRIBOS

OUTROS LIVROS DE SETH GODIN

A Vaca Roxa
Brinde Grátis! Aproveite!
Marketing de Permissão
Marketing Idéia Vírus
O Futuro Não É Mais o Mesmo
O Melhor do Mundo
Quebre as Regras e Reinvente
Sobreviver Não É o Bastante
Sundae de Almôndegas
Todo Marqueteiro É Mentiroso!
Você É Indispensável?

E PROCURE ESTES E-BOOKS GRATUITOS (EM INGLÊS):

Knock Knock
Who's There
Brainwashed
Everyone's an Expert
The Bookstrapper's Bible

Existem mais de duzentos artigos gratuitos de Seth em seu blog. Visite www.SethGodin.com para mais informações...

clique sobre a cabeça de Seth para lê-los e se juntar à tribo.

TRIBOS

NÓS PRECISAMOS QUE **VOCÊ** NOS LIDERE

Seth Godin

ALTA BOOKS
E D I T O R A
Rio de Janeiro, 2013

Tribos: Nós Precisamos que Você nos Lidere Copyright © 2013 da Starlin Alta Editora e Consultoria Eireli.
ISBN: 978-85-7608-804-2

Translated from original Tribes: we need Copyriht© 2008 by Do you Zoom, Inc. ISBN 978-1-59184-233-0. This translation is published and sold by permission Portfolio, the owner of all rights to publish and sell the same. PORTUGUESE language edition published by Starlin Alta Editora e Consultoria Eireli, Copyright © 2013 by Starlin Alta Editora e Consultoria Eireli.

Todos os direitos reservados e protegidos por Lei. Nenhuma parte deste livro, sem autorização prévia por escrito da editora, poderá ser reproduzida ou transmitida.

Erratas: No site da editora relatamos, com a devida correção, qualquer erro encontrado em nossos livros. Procure pelo título do livro.

Marcas Registradas: Todos os termos mencionados e reconhecidos como Marca Registrada e/ou Comercial são de responsabilidade de seus proprietários. A Editora informa não estar associada a nenhum produto e/ou fornecedor apresentado no livro.

Impresso no Brasil

Vedada, nos termos da lei, a reprodução total ou parcial deste livro.

Produção Editorial	Supervisão Gráfica	Conselho de Qualidade Editorial	Editoria de Negócios	Marketing e Promoção
Editora Alta Books	Angel Cabeza	Anderson Vieira	Jaciara Lima	Daniel Schilklaper
Gerência Editorial	**Supervisão de Qualidade Editorial**	Angel Cabeza	**Design Editorial**	marketing@altabooks.com.br
Anderson Vieira	Sergio Luiz de Souza	Jaciara Lima	Bruna Serrano	
	Supervisão de Texto	Marco Aurélio Silva	Iuri Santos	
	Jaciara Lima	Natália Gonçalves		
		Sergio Luiz de Souza		

	Tradução	Copidesque	Revisão Gramatical	Diagramação
	Rafael Reis	Alessandra Santos	Jaciara Lima	Joyce Matos

Dados Internacionais de Catalogação na Publicação (CIP)

G585t Godin, Seth.
    Tribos : nós precisamos que você nos lidere / Seth Godin. – Rio de Janeiro, RJ : Alta Books, 2013.
    160 p. : il. ; 17 cm.

   Tradução de: Tribes : we need you to lead us.
   ISBN 978-85-7608-804-2

   1. Liderança. I. Título.

                                    CDU 658.012.4
                                    CDD 658.4092

Índice para catálogo sistemático:
1. Liderança   658.012.4

(Bibliotecária responsável: Sabrina Leal Araujo – CRB 10/1507)

1ª Edição, 2013

ALTA BOOKS
GRUPO EDITORIAL

Rua Viúva Cláudio, 291 – Bairro Industrial do Jacaré
CEP: 20970-031 – Rio de Janeiro
Tels.: 21 3278-8069/8419 Fax: 21 3277-1253
www.altabooks.com.br – e-mail: altabooks@altabooks.com.br
www.facebook.com/altabooks – www.twitter.com/alta_books

Para Mo e Alex
Que querem mudar as coisas —

e para todas as pessoas que terão
a sorte de se juntar à sua tribo

TRIBOS

JOEL SPOLSKY ESTÁ MUDANDO O MUNDO.
Talvez não o nosso mundo, mas o mundo dos programadores, das companhias de software e das pessoas que trabalham para elas. A *forma* como Joel está mudando o mundo, no entanto, é algo que cada um de nós precisa prestar atenção.

Enquanto Joel dirige uma pequena companhia de software na cidade de Nova York, sua real paixão é falar a respeito de *como* dirigir uma pequena companhia de software. Por meio de livros, blogs e conferências, Joel tem mudado a forma como muitas pessoas pensam a respeito de encontrar, contratar e gerenciar programadores. Ao longo do caminho, Joel tem montado uma tribo influente de pessoas que o procura em busca de liderança.

Uma tribo é um grupo de pessoas conectadas uma à outra, conectadas a um líder, e conectadas a uma ideia. Por milhões de anos, os seres humanos têm feito parte de uma tribo ou outra. Um grupo precisa de apenas duas coisas para ser uma tribo: um interesse em comum e uma forma de se comunicar. Joel fornece os dois. Ele dirige um lucrativo quadro de empregos que atrai os melhores programadores (e os melhores empregos) do mundo. Ele até mesmo criou o amplamente utilizado Joel Test, que é uma forma de medir o quão amigável um emprego pode ser para um programador. Se você digitar "Joel" no Google terá 76 milhões de resultados, e Joel Spolsky é o primeiro, exatamente onde deve estar.

As tribos precisam de liderança. Às vezes uma pessoa lidera, outras vezes mais. As pessoas querem conexão e crescimento, querem algo novo. Elas querem mudança. A liderança de Joel proveu mudança. Ele tem dado a essa tribo uma alavancagem para alterar dramaticamente a forma como os negócios são feitos em sua indústria. Ao longo do caminho, ele encontrou sua paixão (e fez com que sua companhia crescesse).

Você não pode ter uma tribo sem um líder — e você não pode ter um líder sem uma tribo.

Viagem Longa e Estranha

Há quarenta anos atrás, Jerry Garcia e o Grateful Dead tomaram algumas decisões que mudaram a indústria musical para sempre. Você talvez não esteja no negócio musical e pode nunca ter estado em um show do Dead, mas o impacto que esse grupo teve afeta quase toda indústria, incluindo a sua.

Além de arrecadar mais de $100 milhões em bilheteria durante a sua carreira, o Dead nos ajudou a entender como as tribos funcionam. Eles não foram muito bem vendendo discos (eles tiveram apenas um álbum no Top 40). Ao invés disso eles foram bem sucedidos atraindo e liderando uma tribo.

Os seres humanos não conseguem evitar: nós precisamos pertencer. Um dos nossos mecanismos de sobrevivência mais poderosos é fazer parte de uma tribo, contribuir para (e se beneficiar de) um grupo de pessoas com uma mesma opinião. Nós somos atraídos para os líderes e suas ideias, e não conseguimos resistir à pressa de fazer parte e à emoção do novo.

Quando um Deadhead diz para outro, "2-14-70," é como um código secreto. Os sorrisos, abraços e apertos de mão definem quem somos — estar em uma tribo é uma grande parte de como vemos a nós mesmos.

Nós queremos fazer parte não de apenas uma tribo, mas de muitas. E se você nos der ferramentas e tornar isso fácil, nós continuaremos nos juntando.

As tribos tornam a nossa vida melhor. E liderar uma tribo é o melhor de tudo.

As Tribos Costumavam Ser Locais

Jacqueline Novogratz está mudando o mundo. Não por liderar todos em sua cidade, mas por desafiar as pessoas de vinte países a se juntarem a um movimento. Um de cada vez, Jacqueline está inspirando empreendedores dos países em desenvolvimento a criarem empresas que enriqueçam as pessoas em volta delas. Ela está ajudando a criar organizações que fornecem água limpa, ambulâncias e óculos de leitura... e fazendo isso de uma maneira escalável que desafia as expectativas.

Jacqueline não apenas ama trabalhar liderando o Acumen Fund; ela também está mudando a face da filantropia. Sua tribo de doadores, empregados, empreendedores e apoiadores contam com a liderança dela para inspirá-los e motivá-los.

A geografia costumava ser importante. Uma tribo talvez seja todos em uma certa vila, ou entusiastas de modelos de carro em Sacramento, ou talvez sejam os democratas de Springfield. Corporações e outras organizações têm sempre criado suas próprias tribos em torno de seus escritórios ou comércios — tribos de empregados, clientes ou paroquianos.

Agora, a internet elimina a geografia.

Isso significa que as tribos existentes estão maiores, mas, ainda mais importante, isso significa que agora existem mais tribos, tribos menores, influentes, horizontais e verticais, além daquelas que nunca teriam existido antes. Tribos com as quais você trabalha, viaja, ou faz compras. Tribos que votam, que discutem, que lutam. Tribos onde todos sabem o seu nome. Os profissionais da CIA são uma tribo assim como os voluntários da ACLU.

Existe uma explosão de novas ferramentas disponíveis para ajudar a liderar as tribos que estamos formando. Facebook, Ning, Meetup e Twitter. Squidoo, Basecamp, Craigslist e o e-mail. Existem literalmente, centenas de maneiras de se coordenar e conectar grupos de pessoas que simplesmente não existiam há algumas gerações atrás.

Tudo isso é sem valor se você não tomar a decisão de liderar. Tudo isso se perde se a sua liderança é comprometida, se você se acomodar, se não se comprometer.

Muitas tribos. Muitas ferramentas. Eu estou escrevendo sobre ambas. O mercado precisa de você (*nós* precisamos de você) e as ferramentas estão aí, apenas esperando. Tudo o que falta é você, sua visão e sua paixão.

À Procura de um Movimento

Algumas tribos estão empacadas. Elas abraçam o status quo e sufocam qualquer membro que ouse questionar a autoridade e a ordem aceita. Grandes instituições de caridade, clubes minúsculos, corporações em ascensão. Eu não tenho muito interesse nessas tribos. Elas criam pouco valor e são um tanto quanto entediantes. Cada uma delas, no entanto, é um movimento esperando para acontecer, um grupo de pessoas apenas esperando para serem energizadas e transformadas.

Um movimento é algo emocionante. Esse é o trabalho de muitas pessoas, todas conectadas, todas buscando algo melhor. As novas ferramentas potencializadas pela internet facilitam a criação de um movimento, e fazem as coisas acontecerem.

Tudo o que está faltando é liderança.

As Tribos Já Não São Mais Tão Frágeis

Antes da internet, coordenar e liderar uma tribo era difícil. Era difícil espalhar uma mensagem, difícil coordenar ações e difícil crescer rapidamente. Hoje, é claro, a comunicação instantânea torna as coisas mais sólidas, não frágeis. No mundo de hoje, Barack Obama consegue levantar $50 milhões em vinte e oito dias. No mundo tribal desta década, Twitter, blogs, vídeos online e incontáveis outras técnicas contribuem para uma dimensão inteiramente nova do que significa ser parte de uma tribo. As novas tecnologias são todas criadas para conectar tribos e ampliar o seu trabalho.

Note, por favor! Ao longo deste livro, eu falo muito sobre exemplos baseados na internet e algumas das impressionantes novas ferramentas que estão aparecendo para fazer com que as tribos se tornem mais efetivas. Mas a internet é apenas uma ferramenta, uma maneira fácil de viabilizar algumas táticas. O real poder das tribos não tem nada a ver com a internet e tudo a ver com as pessoas. Você não precisa de um teclado de computador para liderar... você precisa apenas querer fazer com que algo aconteça.

E se você não tem esse desejo, não entre em pânico. Às vezes é normal não tomar a liderança, às vezes é normal deixar que alguém fale e mostre como fazer. O poder dessa nova era é simples: se você quer (precisa, deve!) liderar, então você pode. É mais fácil do que nunca e nós precisamos de você. Mas se este não é o melhor momento, se esta não for a causa certa, então espere. A liderança autêntica e generosa sempre irá derrotar os esforços egoístas de alguém que faz isso simplesmente porque pode.

Como Estava Aquele Syrah?

Gary Vaynerchuk dirige a Wine Library TV (http://tv.winelibrary.com/ — conteúdo em inglês) e tem uma tribo. Milhões de pessoas ao redor do mundo vêm até ele para narrar sua paixão por vinho. Ele as ajuda a descobrir novos vinhos e a entender melhor os vinhos que elas amam. Mas Gary não fatura com essa audiência, e ele também não a gerencia. Ao invés disso ele lidera uma tribo. Este é um ato de generosidade e o combustível de um movimento, não uma jogada de marketing. Ele não força, ele lidera.

As pessoas escreviam ou falavam sobre vinho antes? Claro que sim. A informação nunca foi algo difícil de se obter. O que torna Gary tão bem sucedido é o modo como ele usa um novo meio e novas técnicas para comunicar a sua paixão, para conectar as pessoas e para criar mudança. E dessa forma um movimento cresce.

A Tribo Interna

Mich Mathews foi vice-presidente sênior da Microsoft's Central Marketing Group. Bill Gates e Steve Ballmer confiaram nela para comercializar a Microsoft por cerca de uma década.

Você nunca ouviu falar de Mich. Ela não é uma erudita ou uma personalidade do turismo. Em vez disso, ela liderou uma tribo de centenas de pessoas dentro da

Microsoft que criava e dava forma ao comércio da companhia. A tribo ouve Mich; eles a respeitam e a seguem. A atenção dada a essa tribo interna é um privilégio suado e uma responsabilidade valiosa.

Este é um livro para qualquer um que escolhe liderar uma tribo. Interna ou externa, as possibilidades são enormes.

A Oportunidade

É simples: existem tribos em todo lugar agora, dentro e fora das organizações (públicas e privadas), em ONGs, em salas de aula, por todo o planeta. Cada uma dessas tribos anseia por liderança e conexão. Esta é um oportunidade para você — uma oportunidade para encontrar ou montar uma tribo e liderá-la. A questão não é: Eu consigo fazer isso? Agora a questão é: Eu escolherei fazer isso?

Por muito tempo, eu estive escrevendo sobre o fato de que todo mundo agora é um profissional de marketing. A explosão de canais de mídia, combinada com a crescente influência de indivíduos dentro das organizações, significa que praticamente todo mundo pode influenciar praticamente qualquer mercado.

Este livro fala sobre algo novo. Todo mundo não é somente um profissional de marketing — *todo mundo também é um líder*. A explosão de tribos, grupos, irmandades e círculos de interesse significa que qualquer um que queira fazer a diferença pode.

Sem líderes, não existem seguidores.

Você é um líder.

Nós precisamos de você.

Algo para se Acreditar

As tribos estão relacionadas com fé — relacionadas com se acreditar em uma ideia e em uma comunidade. E elas estão baseadas no respeito e na admiração pelo líder da tribo e pelos outros membros também.

Você acredita naquilo que você faz? Todos os dias? No fim das contas a convicção se torna uma brilhante estratégia.

Três coisas têm acontecido ao mesmo tempo. Todas as três apontam para o mesmo (temporariamente desconfortável, mas por fim maravilhoso) resultado:

1. Muitas pessoas estão começando a se dar conta de que elas trabalham muito e que trabalhar em coisas em que elas acreditam (e fazer com que as coisas aconteçam) é muito mais satisfatório do que apenas pegar um pagamento e esperar até que sejam demitidas (ou morram).

2. Muitas empresas têm descoberto que o modelo industrial de produção de bens e serviços não está nem perto de ser tão lucrativo quanto costumava ser.

3. Muitos consumidores têm decidido gastar seu dinheiro comprando produtos não industrializados. E eles têm decidido não gastar o seu dinheiro abraçando ideias ultrapassadas. Os clientes têm deci-

dido, ao invés disso, gastar tempo e dinheiro em moda, em histórias, em coisas que importam e em coisas nas quais acreditam.

Então aqui estamos nós. Vivemos em um mundo onde temos a influência para fazer com que as coisas aconteçam. O desejo de se trabalhar em algo em que se acredita e em um mercado que está nos implorando para sermos notáveis. E no meio dessas mudanças, nós ainda ficamos empacados.

Empacados seguindo regras arcaicas.

Empacados em indústrias que não apenas evitam a mudança como também lutam contra ela.

Empacados pelo medo do que o seu chefe irá dizer, empacados porque temos medo de nos meter em confusão.

Acima de tudo, nós estamos empacados agindo como gerentes ou empregados, ao invés de agirmos como os líderes que poderíamos nos tornar. **Nós estamos abraçando uma fábrica ao invés de abraçar uma tribo.**

A ironia é que todo esse medo costumava ser útil. O medo da mudança está incorporado na maioria dos organismos, porque a mudança é o primeiro sinal de risco. O medo da mudança em uma grande fábrica é apropriado quando a eficiência é a ordem do dia. Hoje, no entanto, o medo que costumava nos proteger no trabalho, agora é o nosso inimigo; parado em nosso caminho. Imagine ter trabalhado na AOL ou como corretor de hipoteca ou na Sears. Isso talvez tenha sido interessante por um tempo, mas não é nem um pouco interessante quando a fábrica desaparece.

"Como foi o seu dia?" é uma pergunta mais importante do que parece. Acontece que as pessoas que gostam mais dos seus empregos são também aquelas que estão fazendo o melhor trabalho, tendo um maior impacto e mudando mais. Mudando o modo como eles veem o mundo, claro, mas também mudando o mundo. Mudando o status quo, um grupo de hereges está descobrindo que uma pessoa, apenas uma, pode fazer uma enorme diferença.

Jonathan Ive está vivendo uma ótima experiência trabalhando na Apple, mas ele também está fazendo a diferença. Ele está liderando o seu time de design e alimentando a tribo Macintosh com ideias que eles abraçam.

Micah Sifry não apenas gosta do trabalho que faz todos os dias no Fórum de Democracia Pessoal; ele está liderando uma mudança fundamental no modo como nós pensamos sobre política. Centenas de pessoas dependem da liderança de Micah, e em troca, ele passa os seus dias envolvido em um trabalho que importa.

Os hereges são os novos líderes. Aqueles que desafiam o status quo, que saem na frente das suas tribos, que criam movimentos.

O mercado agora recompensa (e adota) os hereges. É claramente mais divertido fazer as regras do que segui-las e, pela primeira vez, também é mais lucrativo, poderoso, e produtivo simplesmente fazer isso.

Essa mudança talvez seja maior do que você pensa. De repente, os hereges criadores de problemas e agentes de mudança, não são meramente pedras no sapato — eles são a chave para o nosso sucesso. As tribos dão a você influência. E cada um de nós tem mais influência do que nunca. Eu quero que você pense a respeito das ramificações da nova influência. Eu espero que você veja que o caminho mais lucrativo é também o mais confiável, o mais fácil e o mais divertido. Talvez, mas só talvez, eu seja capaz de dar a você um empurrãozinho para que se torne um herege.

Por Que Você Deve Liderar? E Por Que Você Deve Liderar Agora?

Este livro tece algumas grandes ideias, que juntas formam um argumento irresistível.

Com as tribos florescendo por toda a parte, existe uma escassez de líderes. Nós precisamos de você.

Minha tese:

- pela primeira vez, espera-se que todos em uma organização — não apenas o chefe — liderem.
- a estrutura do mercado hoje em dia significa que é mais fácil do que nunca mudar as coisas e que os indivíduos possuem mais poder do que nunca.
- o mercado está recompensando organizações e indivíduos que mudam as coisas e criam produtos e serviços de destaque.
- isto é envolvente, emocionante, lucrativo e divertido.

- acima de tudo, existe uma tribo de colegas de trabalho ou clientes ou investidores ou acreditadores ou amadores ou leitores apenas esperando que você os conecte com outros e os lidere para onde eles querem ir.

A liderança não é algo difícil, mas você foi treinado por anos para evitá-la. Eu quero ajudá-lo a se dar conta de que já tem todas as habilidades necessárias para fazer uma enorme diferença, e eu quero convencê-lo a fazer isto. A melhor coisa é que você não precisa esperar até que consiga o emprego certo ou construa a organização certa ou suba três degraus como líder da corporação. Você pode começar agora mesmo.

Liderança Não É Gerenciamento

Em um episódio clássico de *I Love Lucy*, Lucy e Ethel estão trabalhando em uma linha de montagem de doces. À medida que os doces vinham cada vez mais rápido, as duas entravam em pânico, enfiando as trufas dentro da boca para manter o ritmo da produção.

Elas tiveram um problema de gerenciamento.

O gerenciamento tem a ver com manipular recursos para realizar um trabalho. As franquias Burger King contratam funcionários. Eles sabem exatamente o que precisam entregar e são dados a eles recursos para que isso seja feito a um custo baixo. Os gerentes gerenciam um processo que eles já viram antes e reagem ao mundo externo, esforçando-se para tornar aquele processo tão rápido e barato quanto possível.

A liderança, por outro lado, tem a ver com criar uma mudança na qual você acredita.

O meu dicionário de sinônimos diz que o melhor sinônimo para *liderança* é *gerenciamento*. Talvez essa palavra costumasse servir, mas não mais. Movimentos possuem líderes e movimentos fazem com que as coisas aconteçam.

Líderes têm seguidores. Gerentes têm empregados.

Gerentes fazem widgets. Líderes criam mudanças.

Mudança? A mudança é assustadora e, para muitas pessoas que são líderes, isso parece ser mais uma ameaça do que uma promessa. Isso é muito ruim, porque o futuro pertence aos nossos líderes, independente de onde eles trabalham e do que eles fazem.

É Bom Ser Rei

De fato, em um mundo estável, é *ótimo* ser rei. Muitas regalias. Poucos transtornos.

Os reis têm sempre trabalhado para manter a estabilidade porque este é o melhor modo de se manter rei. Eles têm tradicionalmente se rodeado com uma corte de súditos bem alimentados e bem pagos, cada um deles tendo um grande interesse em manter as coisas como estão.

A monarquia tem tido um enorme impacto no modo como nós vemos o mundo. Os reis nos ensinaram sobre poder e influência e sobre como fazer as coisas. Um rei monta a sua própria tribo geograficamente baseada e usa o poder para fortalecer a complacência.

Com a realeza nós aprendemos como construir corporações. E como construir organizações filantrópicas e outras também. Vida longa ao rei.

As corporações são tradicionalmente construídas em volta do chefe executivo, com toda a sua regalia e poder. Quanto mais perto você chega de se tornar um rei/chefe executivo, mais influência e poder você tem. O objetivo da corporação é enriquecer o rei e mantê-lo no poder.

E então, recentemente, algo aconteceu.

O marketing mudou tudo. Ele criou alavancagem, certamente mudando o status quo. Acima de tudo, o marketing libertou e energizou a tribo.

Se a tribo não gosta do rei, eles estão livres para partir.

O status quo em mutação não é uma boa notícia para o chefe executivo, assim como a face da guerra e da política em constante mudança não foi uma boa notícia para a corte da Europa há um século atrás.

O marketing é o ato de contar histórias sobre as coisas que fazemos — histórias que vendem e que se espalham. O marketing elege presidentes, levanta quantias em dinheiro para ações de caridade. O marketing também determina se o chefe executivo fica ou sai (Carly Fiorina aprendeu isso do modo mais difícil). Acima de tudo, o marketing influencia os mercados.

O marketing costumava ser associado a fazer propaganda, e fazer propaganda é caro. Hoje, o marketing tem a ver com se envolver com a tribo e entregar produtos e serviços com histórias que se espalham.

Hoje, o mercado não quer a mesma coisa que ele queria ontem. Cem anos de marketing incessantemente tem nos tornado sedentos por novidades. E o novo não é assim tão estável, é?

A Estabilidade é uma Ilusão

O marketing mudou a ideia de estabilidade. Faz parte da natureza humana — nós ainda supomos que o mundo seja estável, continuamos a supor que a Google será a número um daqui a cinco anos, que nós digitaremos em teclados e voaremos em aviões, que a China continuará crescendo e que o gelo polar não derreterá realmente em seis anos.

E nós estamos errados.

Estamos errados porque a dinâmica do marketing, a narrativa e a batida incensante da propaganda têm nos ensinado a sermos incansáveis frente à estabilidade. E a internet apenas amplifica essa lição.

Ninguém assiste duas vezes a um vídeo ruim no YouTube. Ninguém encaminha um e-mail entediante. Ninguém investe em um fundo chato, com poucas perspectivas de grande crescimento.

Eis aqui o que mudou: algumas pessoas admiram o novo e o sofisticado muito mais do que respeitam os casos já provados. E cada vez mais, esses primeiros adeptos das modinhas são as pessoas que compram e que falam. Como resultado disso, novas formas de fazer as coisas, novos empregos, novas oportunidades e novas faces se tornam cada vez mais importantes.

A divulgação mudou o mercado. Este está agora muito menos impressionado com as coisas comuns para pessoas comuns, e o mercado está muito menos impressionado com a propaganda escandalosa, ostentosa e cara. Hoje, o mercado quer mudança.

"Desde 1906" costumava ser importante. Agora, aparentemente, isto é uma desvantagem.

A corrida partindo da estabilidade é uma enorme oportunidade para você.

Partidários

Trata-se de uma crítica quando você usa essa palavra com um político, mas todas as tribos são feitas de partidários, quanto mais deles melhor. Se você é do tipo que não toma partido, se juntar a uma tribo não será nenhum problema para você.

Partidários querem fazer a diferença. Eles querem que algo aconteça (e que algo além disso *não* aconteça). Líderes lideram quando eles tomam posições, quando se conectam com suas tribos, e quando ajudam suas tribos a se conectarem.

Criando um Tumulto

A antiga regra era simples: A melhor maneira de fazer com que uma organização cresça era ser séria, consistente e confiável e pouco a pouco ir ganhando o seu lugar no mercado. O inimigo foi a mudança rápida, porque isso levou à incerteza, ao risco e ao fracasso. As pessoas viraram-se e correram.

Dê uma olhada nas primeiras cinquenta instituições de caridade citadas no top quatrocentas da *Chronicle of Philanthropy's*. Durante os últimos quarenta anos, apenas algumas instituições da lista mudaram. Por quê? Porque os doadores não querem correr riscos.

O mundo dos negócios possui uma longa história de tribos conservadoras, de grupos de pessoas que gostam do status quo. A grande novidade é que isso tem mudado. As pessoas anseiam por mudanças, elas se agradam em fazer parte de um movimento, e elas falam sobre coisas importantes, não sobre assuntos entediantes.

Dê uma olhada no Yugo, no Renault e no Sterling — fabricados por companhias que há décadas atrás tentaram trazer novas ideias para a indústria automobilística dos Estados Unidos e falharam. Por quê? Porque os motoristas não queriam comprar um carro que talvez desaparecesse. Não era divertido trabalhar nessas companhias porque elas estavam travando uma batalha árdua. Seria melhor então trabalhar para a General Motors.

Nova regra: Se você quer crescer, você precisa encontrar clientes dispostos a se juntar a você, ou acreditar em você, ou fazer doações a você ou apoiar você. E sabe de uma coisa? Os únicos clientes dispostos a fazer isso estão procurando por algo novo. O crescimento vem da mudança, da luz e do barulho.

O Tesla Roadster é um supercarro elétrico que vale $100 mil, fabricado no Vale do Silício. Algo impossível de se imaginar há trinta anos atrás. Hoje as vendas esgotaram. A companhia tem montado uma tribo — clientes afoitos, líderes de torcida e fãs indiretos.

O Prius Hybrid é um novo carro baseado em uma tecnologia de cem anos que nenhum fabricante nacional se importou o suficiente para desenvolver. Hoje existe uma longa lista de marcas seguindo a Toyota. A tribo se tornou um movimento. Isso é espantoso — a maior e mais estável indústria de produtos de consumo virou a si própria de cabeça para baixo em apenas alguns anos.

Se indústrias de carro que lutam com altas despesas podem lançar uma tecnologia e encontrar aceitação do mercado, imagine o que você pode fazer com essa nova alavancagem.

O que você faz da vida? O que você cria?

Líderes criam tumulto.

Liderando da Base

Os céticos entre nós olham para a ideia de liderança e hesitam.

Nós hesitamos porque a liderança parece algo que precisamos ser ordenados a fazer. Que sem autoridade, não conseguimos liderar. Que grandes organizações reservam a liderança para o chefe executivo, não para nós.

Talvez você trabalhe em uma grande organização. Você talvez sinta como se existisse resistência demais à mudança. Aqui vai uma pergunta: Sua organização é mais rígida que o pentágono? Mais burocrática ou formal?

Thomas Barnett mudou o Pentágono. Desde a base. Ele não tinha status, nem patente — ele era apenas um pesquisador com uma grande ideia.

Ele é o que o *Wall Street Journal* disse:

> O senhor Barnett revisou o conceito para abordar mais diretamente o mundo pós-onze de setembro. O resultado é uma apresentação de PowerPoint de três horas que lembra mais uma performance artística que uma apresentação do Pentágono. Isso está fazendo do senhor Barnett, de 41 anos, uma figura chave no debate atualmente feroz a respeito de como as forças armadas deveriam ser. Oficiais militares seniores dizem que suas ideias, decididamente controversas, estão influenciando a forma como o Pentágono vê os seus inimigos.

É muito simples, de verdade. Barnett liderou uma tribo apaixonada por mudança. Ele os galvanizou, os inspirou e os conectou, através da sua ideia.

Um homem sem nenhuma autoridade de repente se torna uma figura chave. As tribos dão a cada um de nós a mesma oportunidade. Habilidade e atitude são essenciais. A autoridade não. De fato, a autoridade pode atrapalhar.

O Grateful Dead... e Jack

Vale a pena tirar um segundo para pensar a respeito do que realmente significa ser uma tribo.

Em *Marketing de Permissão*, há anos atrás, eu escrevi sobre como os profissionais de marketing devem ganhar o direito de passar mensagens antecipadas, pessoais e relevantes às pessoas que querem obtê-las. E isso continua sendo correto, até certo ponto.

Mas as tribos vão muito mais fundo. Isso porque, além das mensagens que vão do marketing ou do líder para a tribo, existem as mensagens que vão pelas marginais, de membro para membro e de volta para o líder também.

O Grateful Dead entendeu isso. Eles criaram shows que permitiram que as pessoas não apenas ouvissem a sua música mas pudessem fazer isso *juntas*. É aí que a tribo entra.

Eu ouvi recentemente a respeito do Jack, um "restaurante ocasional" que era dirigido por Danielle Sucher e Dave Turner no Brooklyn. Eles abriam o restaurante apenas por cerca de vinte vezes ao ano, nas noites de sábado. Por meio de reserva. Você poderia acessar o site e ver o menu antecipadamente. Então, fazia uma reserva e pagava se quisesse ir.

Ao invés de buscar clientes para os seus pratos, Danielle e Dave buscavam pratos para os seus clientes. Ao invés de servirem fregueses anônimos, eles faziam uma festa.

Danielle é a colunista culinária do popular site Gothamist, ela e Dave dirigem o blog sobre culinária Habeas Brûlée. Isso significa que eles já interagiam com a sua tribo. Isso significa que quando o restaurante estava em pleno funcionamento, ele se tornava o centro coordenador, o lugar para interagir com os outros membros da tribo.

Já que a comida era ousada e o serviço generoso, o Jack foi um sucesso.

O Mercado Exige Mudanças e Isso Exige Liderança

Se liderança é a habilidade de criar mudanças nas quais a sua tribo acredita e o mercado exige mudança, então o mercado demanda líderes.

Os gerentes gerenciam usando a autoridade que a fábrica os dá. Ou você ouve o que o seu gerente diz ou perde o seu emprego. Um gerente não pode fazer mudanças porque esse não é o trabalho dele. O seu trabalho é completar tarefas confiadas a ele por outra pessoa da fábrica.

Líderes, por outro lado, não ligam muito para estrutura organizacional ou aprovação oficial de qualquer que seja a fábrica para a qual eles trabalham. Eles usam paixão e ideias para liderar pessoas, ao contrário de usar ameaças e burocracia para gerenciá-las. Os líderes devem estar por dentro de como a organização funciona, porque isso é o que os permite mudá-la.

A liderança nem sempre começa do topo. Mas ela sempre afeta aqueles que lá estão. De fato, a maioria das organizações está esperando por alguém como você para liderá-las.

O Que é Preciso Para Criar Movimento?

Se olharmos para os dois ganhadores do Prêmio Nobel e os seus movimentos — Muhammad Yunus e Al Gore —, alguns paralelos se tornam claros, e eles se relacionam diretamente com as táticas disponíveis para você à medida que você lidera a sua tribo.

A microfinança como uma ferramenta usada para combater a pobreza e o esforço de reconhecer e diminuir o aquecimento global têm ambos se tornado movimentos. Mas como Yasmina Zaidman, do Acumen Fund me disse, ambos os problemas (e suas soluções!) foram reconhecidos há mais de trinta anos atrás. O problema não era a falta de uma resposta — Muhammad Yunus a tinha o tempo todo. Então porque levou trinta anos para que a ideia ganhasse força?

A resposta, como você provavelmente imaginou, é que existe uma diferença entre dizer às pessoas o que fazer e incitar um movimento. O movimento acontece quando as pessoas falam umas com as outras, quando as ideias se espalham dentro da comunidade e, acima de tudo, quando o apoio de parceiros leva as pessoas a fazer o que elas sempre souberam ser o certo.

Grandes líderes criam movimentos fortificando a tribo para que ela comunique. Eles estabelecem a fundação para que as pessoas façam conexões, ao invés de obrigar as pessoas a segui-los.

É assim que o Skype se espalhou ao redor do mundo. O cofundador Niklas Zennström entendeu que derrubar a tirania das companhias telefônicas era um projeto grande demais para uma companhia pequena. Mas se ele pudesse dar força para que a tribo mesma pudesse fazer isso, se conectando uns aos outros e espalhando a ideia, ele seria capaz de incitar um movimento.

Malcolm Gladwell escreveu a respeito da queda do Muro de Berlim e isso envolveu muito dessa mesma dinâmica. O colapso da Alemanha Oriental não foi o trabalho de um ativista dedicado. Ao invés disso, foi resultado do crescimento gradual mas inexorável da tribo, um movimento vagamente coordenado de ativistas que ganhou força até que não pudesse mais ser parado.

Um após outro, problemas intratáveis caem na face dos movimentos.

Melhorando uma Tribo

Como nós vimos anteriormente, são necessárias apenas duas coisas para transformar um grupo de pessoas em uma tribo:

- Um interesse em comum
- Uma forma de se comunicar

A comunicação pode se dar de quatro formas:

- Líder para tribo
- Tribo para líder
- Membro da tribo para membro da tribo
- Membro da tribo para alguém de fora

Então, um líder pode ajudar a aumentar a efetividade da tribo e de seus membros ao:

- transformar o interesse em comum em uma determinação e desejo ardentes por mudança;
- prover ferramentas para permitir que os membros se comuniquem melhor;
- alavancar a tribo para permitir que ela cresça e ganhe novos membros.

A maioria dos líderes focam apenas na terceira tática. Uma tribo maior de algum modo é igual a uma tribo melhor. De fato, as primeiras duas táticas quase sempre causam mais impacto. Toda ação que você toma como líder pode afetar esses três elementos, e o desafio é descobrir qual deles maximizar.

A American Automobile Association possui milhões de membros, mas isso possivelmente tem menos impacto no mundo do que as duzentas que vão ao TED a cada ano. Uma é a respeito de grandeza e o outro é a respeito de mudança.

A Nacional Rifle Association tem um grande impacto na cultura política dos Estados Unidos, excedendo muito o tamanho real da organização. Isso é porque a tribo é extraordinariamente bem conectada, se comunicando para cima, para baixo *e* para os lados, e porque eles têm uma missão apaixonada, não apenas uma ideia comum.

As novas ferramentas e tecnologias disponíveis para os grupos estão transformando o significado de se pensar a respeito da comunicação tribal. Líderes de visão estão agarrando essas ferramentas e as colocando para funcionar.

O Que as Tribos Deixam Para Trás

Construa uma companhia e você irá deixar um rastro. Uma fábrica, propaganda, o lixo não-reciclável produzido como resultado dos seus esforços.

Pensar sobre coisas é fácil porque conseguimos vê-las, tocá-las e segurá-las. As coisas parecem importar, porque estão aqui, agora.

As tribos, no entanto, não têm a ver com coisas. Elas têm a ver com conexão.

Umas das minhas organizações favoritas, a Acumen Fund, foi fundada em 2001. Esta ONG financia empreendedores do mundo em desenvolvimento, usando comércio e posse no lugar de um auxílio que impede o crescimento.

A Acumen faz conexões. Isto está criando uma tribo de pessoas talentosas e comprometidas que estão espalhando uma mensagem de encorajamento, respeito e crescimento. Aí está o que me maravilhou: diferente de coisas, as conexões tribais que você pode criar com o crescimento da liderança não se esgotam. À medida que as organizações crescem e tocam mais pessoas, essas conexões levam à mais conexões. As tribos prosperam; isto traz valor e se espalha. Os internautas chamam isso de atividade viral, ou um círculo virtuoso. Quanto melhor você faz, melhor você faz. Conexões levam a conexões. Grandes ideias se espalham.

Anatomia de um Movimento

O senador Bill Bradley define um movimento como tendo três elementos:

1. Uma narrativa que conta uma história sobre quem somos e o futuro que estamos tentando construir;

2. Uma conexão entre o líder e a tribo;

3. Algo a se fazer — quanto menos limites, melhor.

Muitas vezes, organizações falham em tudo exceto pelo terceiro elemento.

Wikipédia

Como o Wikipédia se tornou um dos top dez entre os sites da internet? Eles possuem apenas uma dúzia de empregados trabalhando em tempo integral e nenhuma fonte de receita exceto por pequenas doações.

A forma como Jimmy Wales, cofundador do Wikipédia, construiu esta tribo é instrutiva. Ele atraiu um pequeno grupo de pessoas (apenas cinco mil pessoas representam a vasta maioria de trabalho empregado nos artigos do site) e os envolveu em uma visão. Ele não os disse o que fazer. Ele não gerenciou o esforço; ele o liderou.

Wales conectou os membros da tribo uns com os outros com uma tecnologia de envolvimento constante que tornou mais fácil para eles se comunicarem. E ele deu à tribo uma plataforma que eles poderiam usar para envolver o mundo externo.

É isso — três passos: motivar, conectar e alavancar.

Liderando da Base
(com um Boletim Informativo)

Em 1984, então com vinte e quatro anos, me juntei a uma minúscula companhia de software chamada Spinnaker. Com base em Cambridge, Massachusetts, nós éramos loucos o suficiente para adotar o audacioso objetivo de inventar a primeira geração de jogos educacionais para computador. Eu fui o trigésimo empregado.

Após o meu estágio de verão, a Spinnaker me ofereceu um emprego lançando uma nova marca. Eles queriam que eu pegasse histórias de ficção científica e as transformassem em jogos de aventura literários. Byron Preiss já havia nos vendido os direitos de *Fahrenheit 451* e alguns outros romances, e eu tinha que conseguir outros e transformar todos eles em produtos prontos para as lojas de todo o país. O problema era que ninguém trabalhava pra mim. Não havia secretária, nem equipe, nem programadores.

A Spinnaker estava ocupada criando dúzias de produtos, e cerca de quarenta programadores do Departamento de Engenharia estavam todos em uma rotina rotativa envolvidos em vários projetos. Emprestaram precisamente três programadores. Eu precisava de mais, muito mais, se eu quisesse entregar o produto até o Natal.

Então eu comecei um boletim informativo. Este boletim destacava o trabalho de cada pessoa que trabalhava em um dos meus produtos. Ele destacava os seus avanços e falava a respeito da inovação que estávamos criando (Música! Em um jogo!). Eu fiz cópias do boletim e o distribuí na caixa de correio interno do escritório de todos da companhia — até então cerca de cem pessoas.

Duas vezes por semana, o boletim saía. Duas vezes por semana, eu falava sobre o nosso objetivo. Duas vezes por semana, eu narrava o maravilhoso trabalho da nossa minúscula tribo. O boletim conectou os membros da tribo. Isso transformou um grupo desigual de engenheiros em uma comunidade de trabalho.

Dentro de um mês, seis engenheiros haviam se juntado à tribo, trabalhando comigo no seu tempo livre. Depois já eram vinte. Em pouco tempo, cada pessoa em todo o departamento estava ou se inscrevendo no meu projeto ou trabalhando nele por fora. Nós entregamos cinco produtos a tempo para o Natal, e cada um deles foi um sucesso, vendendo milhões de dólares e salvando a companhia.

Os engenheiros mudaram por causa do boletim? Claro que não. Eles mudaram pela jornada. Eles queriam fazer parte de algo que importasse. Vinte anos mais tarde, as pessoas daquela equipe continuam a falar sobre o que criamos. E eu, o funcionário de vinte e quatro anos sem qualquer equipe, passei pela experiência da minha vida.

Foi tudo o que eu fiz? Criar um boletim? Claro que não. Eu fiz coisas difíceis, tirei obstáculos do caminho, vivi e respirei o projeto, e dei uma alma a ele. Trinta de nós dormimos no escritório toda noite durante um mês para cumprir a data de entrega. Eu e vinte e nove pessoas de grande habilidade. Todos tínhamos um trabalho para fazer naquele mês, e o meu era ajudar todo mundo a se comunicar.

Tudo o que eu fazia era por *nós*, não por *mim*. Eu não gerenciei; eu liderei.

Grupos e Tribos

Duas coisas diferentes:

Um grupo é uma tribo sem um líder.

Um grupo é uma tribo sem comunicação.

A maioria das organizações gastam o seu tempo comercializando com o seu grupo. Organizações de visão reúnem a tribo.

Os grupos são interessantes, e eles podem criar toda sorte de artefatos de valor e efeitos de mercado. Mas as tribos duram mais tempo e são mais efetivas.

O Marketing Muda Tudo, Mas Ele Muda Principalmente o Mercado

O mercado quer que você seja extraordinário. A tribo mais importante está entediada com o ontem e necessita do amanhã. Acima de tudo, o mercado tem demonstrado que ideias que se espalham vencem, e as ideias que estão se espalhando são as ideias extraordinárias.

Durante cinquenta anos, marcas de renome com fábricas eficientes e marketing efetivo estavam na frente. A Pepsi, o Exército da Salvação e a loja de hardware local eram as pedras angulares do mercado. Mas de repente, as marcas mais antigas já não são mais aquelas com o crescimento mais rápido. De repente, os mais experientes homens de negócio não são mais os mais bem sucedidos. E de repente, os trabalhos mais estáveis já não são mais tão estáveis.

O mercado levantou a sua voz. Agora, é claro que queremos inovação e estilo, e acima de tudo, coisas grandes. Se você quer que sigamos você, não seja tedioso.

O "razoável" deixou de ser razoável há muito tempo atrás. Então por que não ser grande?

A Diferença entre Mediano e Medíocre

O gerenciamento geralmente trabalha para manter o status quo, para entregar produtos dentro da média a pessoas dentro da média. Em um ambiente estável, esta é exatamente a estratégia certa. Construir confiança e previsibilidade, cortar custos e gerar lucro.

O marketing tradicional, o marketing de impulso, entende isso. A coisa mais estável a se fazer é empurrar um produto padrão para uma audiência padrão e se dar bem com descontos ou distribuição.

Mas para as tribos, o mediano pode ser medíocre. Algo que não vale a pena buscar. Entediante.

A vida é muito curta para lutar contra as forças da mudança. A vida é muito curta para odiar aquilo que você faz o dia todo. A vida é muito curta para criar coisas medíocres. E quase tudo que é padrão agora é visto como medíocre.

Existe uma diferença entre mediano e medíocre? Não muita. Coisas medianas são subestimadas, não se fala a respeito delas e certamente elas não são procuradas.

O resultado final disso é que muitas pessoas (muitas pessoas boas de verdade) gastam o dia todo defendendo o que elas fazem, tentando vender o que sempre venderam, e tentando evitar que as suas organizações sejam devoradas pelas forças do novo. Isto os deve estar desgastando. Defender a mediocridade é exaustivo.

Quantos Fãs Você Tem?

Em um artigo postado em seu site Technium, Kevin Kelly descreveu brilhantemente o mundo dos "Mil Fãs Verdadeiros." Um fã de verdade argumenta, é um membro de uma tribo que se importa profundamente com você e com o seu trabalho. Esta pessoa irá cruzar a rua para comprar algo de você ou para trazer um amigo para ouvi-lo ou investir algum dinheiro extra para apoiar você.

Um artista precisa de apenas mil fãs em sua tribo. É o suficiente.

É suficiente porque mil fãs te darão atenção e apoio suficientes para que você tenha uma ótima vida, alcance mais pessoas e faça um grande trabalho. É o suficiente porque mil fãs, fãs verdadeiros, formam uma tribo.

Um fã de verdade leva três amigos com ele a um show do John Mayer ou à abertura de uma exibição de Chuck Close. Um fã de verdade paga a mais para ter a primeira edição, ou compra a versão de capa dura, ao invés de simplesmente procurar no site. O mais importante, um fã de verdade se conecta com outros fãs de verdade e amplifica o tumulto que o artista cria.

Uma corporação, uma organização sem fins lucrativos ou uma igreja podem precisar de mais do que isso — talvez um milhão de fãs se você for a Starbucks, ou quinze milhões se você está concorrendo à presidência. Mas não há dúvidas de que existe um número — você pode descobrir qual é — e pode ser provavelmente menos pessoas do que você imagina.

Muitas organizações se importam muito com números, não com fãs. Elas se importam com cliques, quantas pessoas passaram na catraca ou menções na mídia. O que elas estão perdendo é a profundidade do envolvimento e da interconexão que os verdadeiros fãs trazem. Ao invés de sempre estarem à caça de mais um par de olhos, os líderes de verdade têm descoberto que a vitória real está em transformar um fã casual em um fã verdadeiro.

Fãs, fãs verdadeiros, são preciosos e difíceis de encontrar. Poucos podem mudar tudo. O que eles demandam, no entanto, é generosidade e bravura.

Twitter, Confiança, Tribos e Fãs Verdadeiros

A maioria das pessoas que olham o Twitter.com não o entendem. Ele parece invasivo, parece tomar tempo ou até mesmo estúpido.

Os convertidos, porém, entendem o verdadeiro poder do Twitter. Este site é enganosamente simples: um protocolo web que facilita o envio de mensagens instantâneas para outras pessoas com avisos curtos como "indo para a academia." De fato, o limite é de 140 caracteres, cerca de metade do tamanho deste parágrafo.

A diferença entre uma mensagem instantânea e os tweets, no entanto, é que a sua mensagem instantânea vai para uma pessoa e um tweet vai para qualquer um que esteja seguindo você. Exemplo: Laura Fitton, uma jovem mãe de Boston, tem milhares de pessoas a seguindo no Twitter. Toda vez que ela digita uma nota curta, eles veem.

Com o tempo, tweet após tweet, Laura ganhou confiança, o que levou a uma carreira de sucesso como consultora. Ela conheceu pessoas fascinantes e mudou a forma como a sua tribo vê o mundo. Agora ela tem fãs verdadeiros, pessoas que a procuram e falam sobre ela.

Laura não conseguiria fazer isso com um discurso ou um post em um blog. Mas por tocar consistentemente uma tribo de pessoas com generosidade e visão, ela ganhou o direito de liderar.

Pessoalmente, eu não posso imaginar a tecnologia como tendo tanta importância. Os blogs e o Twitter e todas as outras ferramentas irão e virão, possivelmente enquanto você lê isto. As táticas são irrelevantes, e a tecnologia estará sempre mudando. A lição essencial é que todo dia se torna mais fácil aproximar a relação que você tem com as pessoas que escolheram segui-lo.

O Status Quo

As organizações que destroem o status quo vencem.

Os indivíduos que impulsionam as suas organizações, que inspiram outros indivíduos a mudarem as regras, prosperam. Novamente, nós estamos de volta à liderança, o que pode vir de qualquer um, em qualquer lugar da organização.

O status quo pode ser o tempo que *"todo mundo sabe"* que leva para você entregar um pedido, ou a taxa de comissão que *"todo mundo sabe"* que deve ser paga a um agente. O status quo talvez seja a forma como todos esperam que um produto seja embalado ou o modelo de preço que todos aceitam por estar tanto tempo no mercado.

Seja lá o que for o status quo, mudá-lo dá a você a oportunidade de ser extraordinário.

Iniciativa = Felicidade

Olhe à sua volta. Você verá que o mercado (todo mercado) recompensa a inovação: coisas que são novas, elegantes e extraordinárias.

As igrejas que crescem mais rápido são as mais novas. Os livros best-sellers são sempre os hits que aparecem do nada. O abrigo fiscal do qual todos estão falando é aquele baseado nas decisões mais recentes.

Produtos e serviços como estes exigem iniciativa para serem produzidos. Você não pode gerenciar o seu caminho em direção à iniciativa.

Um efeito colateral interessante: criar produtos e serviços extraordinários é divertido. Trabalhar em algo divertido é envolvente. Então, não surpreendentemente, criar coisas de sucesso é uma ótima forma de gastar o seu tempo.

E assim: Iniciativa = Felicidade.

Pés-de-cabra

Com um pé-de-cabra grande o suficiente, você consegue arrancar os pregos de uma tábua.

Com uma gangorra grande o suficiente, você consegue tirar um lutador de sumô do chão.

Com alavancagem suficiente, você consegue mudar a sua companhia, sua indústria e o mundo.

As alavancas acabaram de se tornar maiores (para todos). A web e a palavra de boca, os vírus, a terceirização, a calda longa e outros fatores envolvidos na mídia social significam que todo mundo (toda pessoa, todos os sete bilhões de nós) tem muito mais poder do que nunca antes. O rei e o status quo estão com grandes problemas.

Espere. Você talvez tenha apenas corrido o olho no último parágrafo — talvez porque ele seja muito curto mas especialmente porque ele é muito desafiador.

O que eu estou dizendo é que uma pessoa pode fazer um vídeo que alcance cinquenta milhões de visualizações.

O que eu estou dizendo é que uma pessoa pode inventar um modelo de preço que vire a indústria de cabeça para baixo.

O que eu estou dizendo é que uma pessoa — certo, o que eu realmente quero dizer é que *você* — tem tudo. Tudo que você precisa para construir algo muito maior do que você mesmo. As pessoas ao seu redor têm consciência disso, e elas estão prontas para segui-lo se você estiver pronto para liderar.

A Festa de Scott Beale

Aqui está um exemplo simples de uma tribo habilitada pela nova tecnologia. Scott Beale é um empresário com uma longa história de inovação e liderança. Sua companhia, a Laughing Squid, faz de tudo, desde hospedagem de sites até camisetas, de impressão a laser até listagens de arte. Resumindo, ele lidera uma tribo eclética.

Na conferência SXSW em 2008, Scott se cansou de esperar na fila para chegar à festa da Google. Então ele caminhou pela rua, encontrou um bar vazio, carregou algumas mesas nas costas, e usando o Twitter no seu celular ele anunciou: "Festa da Alta Vista no Ginger Man." Dentro de minutos, oito pessoas apareceram. Pouco depois, cinquenta. Então havia uma fila do lado de fora da porta.

Não, este não é um movimento político. Claro, isto é uma tribo. A energia e conexão da tribo são palpáveis. Multiplique esse efeito por um milhão de tribos similares e agora você entende o que está acontecendo. As tribos estão apenas esperando para serem transformadas em movimentos. (E ocasionalmente para tomarem uma cerveja juntos.)

É importante notar que o Twitter meramente viabilizou o evento; ele não fez com que ele acontecesse. Se não fosse o respeito ganho por Scott e a permissão da tribo que o segue, ele teria estado completamente sozinho no bar. A festa não levou quatro minutos para ser organizada; levou quatro anos.

Uma Breve História da Fábrica, Parte 1 (o Início)

Duas coisas conspiraram para nos trazer à fábrica.

A primeira é bastante óbvia: as fábricas são eficientes. Começar uma fábrica e enchê-la com trabalhadores é uma boa maneira de gerar lucro.

Quando eu digo "fábrica," eu não me refiro necessariamente ao local com maquinário pesado, pisos sujos de graxa e barulho. Eu me refiro a qualquer organização que produz um produto ou um serviço, faz isso com uma saída mensurável e tenta reduzir os custos até certo ponto. Eu me refiro a qualquer trabalho onde o seu chefe lhe diz o que fazer e como fazer.

A segunda razão pela qual temos fábricas não tem nada a ver com eficiência e muito a ver com a natureza humana. Parte de nós quer estabilidade. Nós queremos a ausência de responsabilidade que um emprego em uma fábrica pode nos proporcionar. A ideia de que "eu estou fazendo o que você mandou" é muito convincente, especialmente se a alternativa é sair em busca de comida ou pedir esmolas na rua.

Então quando as fábricas surgiram, nós corremos para nos juntarmos a elas.

Em uma viagem recente que eu fiz para a Índia, esse modo de pensar se tornou muito claro. Pergunte a qualquer pessoa lá qual seria o emprego perfeito, e a resposta é: trabalhar como um burocrata do governo. Você não só tem ar condicionado como também não precisar tomar nenhuma iniciativa. O trabalho é estável, o salário é bom, e não existem surpresas.

A fábrica é parte da estrutura das nossas vidas. Ela está lá porque ela paga, ela está lá porque ela é estável, e ela está lá porque nós a queremos. Algo que você não irá encontrar esperando do lado de fora da fábrica é uma tribo de clientes, empolgados com o que está por vir.

Uma Breve História da Fábrica, Parte II (o Fim)

Em algum lugar do caminho, talvez quando vinte mil trabalhadores da Ford perderam os seus empregos em um dia, ou quando se tornou claro que companhias de refrigerantes estavam perdendo o seu crescimento para empresas iniciantes, a vantagem da fábrica começou a enfraquecer.

Não era tão seguro ter um emprego em uma fábrica afinal de contas.

E em uma era de alavancagem, em uma era onde os mais espertos e o estilo estavam derrotando as máquinas o tempo todo, fazer o que o seu chefe mandava já não era mais tão tentador.

Se você pudesse ter qualquer emprego do mundo, qual seria?

Você disse, "Um burocrata de baixo nível trabalhando em uma repartição pública no subúrbio"?

Você disse, "Um supervisor de nível médio em um parque da fábrica da GM"?

Você disse, "Fritar batatas no McDonald's"?

De algum modo eu duvido disso.

Agora, parece que o ar condicionado e a ilusão de negação não têm muito valor. Agora, quando nós prevemos os nossos empregos dos sonhos, nós estamos imaginando alguém que colhe grandes recompensas como resultado de suas percepções. Ou alguém que tem o controle sobre o que ele faz todos os dias, criando produtos ou serviços dos quais ele realmente se orgulha. Isso certamente envolve ter autoridade sobre o seu tempo e sobre o seu esforço, além de contribuir no que você faz.

Nada disso tem a ver com trabalhar em uma fábrica.

Então Esta é Mesmo uma "Nação de Agente Livre"?

O autor Dan Pink cunhou o termo Nação de Agente Livre para descrever um movimento de pessoas de visão que deixam as organizações para se virarem sozinhas.

Mas, não é disso que eu estou falando.

As organizações são mais importantes do que nunca. O que não precisamos são as fábricas.

As organizações nos dão a habilidade de criar produtos complexos. Elas fornecem o músculo e a consistência necessários para levar as coisas para o mercado e dar suporte. E o mais importante, elas têm uma escala para cuidar de tribos grandes.

Mas as organizações não precisam mais ser fábricas. Fábricas são fáceis de terceirizar. As fábricas podem te frear. As organizações do futuro estão cheias de pessoas inteligentes, rápidas e flexíveis em uma missão. A questão é que isto requer liderança.

Se você não tem um manual confiável, você não consegue gerenciar o seu caminho através dele. Em tempos de instabilidade, o crescimento vem de líderes que criam mudanças e envolvem as suas organizações, e não por gerentes que forçam os seus empregados a fazer mais por menos.

A Palavra com M

Então, se as tribos recompensam a inovação...

...e se os que tomam a iniciativa são mais felizes...

...então por que não são todos que fazem isso?

Por causa do medo.

Eu encontrei milhares de pessoas (talvez dezenas de milhares) andando por aí com grandes ideias. Algumas dessas ideias são realmente muito boas; outras são meramente boas. Parece não faltar ideias. Pessoas comuns podem sonhar com coisas extraordinárias muito facilmente.

O que falta é a vontade de fazer com que as ideias aconteçam.

Em uma batalha entre duas ideias, a melhor nem sempre vence. Não, a ideia que vence é aquela que tem o herege mais corajoso por trás dela.

Muitos de nós gostaríamos de acreditar que existe um Departamentos de Aprovação de Ideias, ou um DAI se você gosta de abreviações. O DAI participa do julgamento de ideias e aprova as melhores. Vá em frente e aperfeiçoe o seu notável conceito, apresente-o ao DAI, e deixe-os fazer o resto.

Infelizmente, isto não vai acontecer tão cedo.

Pensando em um Caminho Para se Livrar do Medo

O medo é uma emoção, não há dúvidas disso. Uma das mais fortes, antigas e mais enraizadas.

A mídia ama glamourizar a queda rara do herege que não é bem-sucedido. Nós já estávamos preparados para ouvir a respeito da pessoa que se mete em problemas, que perde o seu emprego, sua casa, sua família — sua felicidade — porque ele teve o ultraje e a audácia de desafiar o status quo. E como estamos ansiosos por essa notícia, nós notamos as poucas vezes em que isso acontece.

O interessante a respeito das pessoas que conheci, que estavam engajados e são claramente hereges, é que elas bloqueiam o medo ativamente por si mesmas. Eu quero dizer, o medo continua lá, mas é abafado por uma história diferente.

Essa é a história do sucesso, do controle, de fazer algo que importa. Essa é uma história intelectual sobre o que o mundo (ou a sua indústria ou projeto) precisa e como a sua visão pode ajudar a fazer a diferença.

Eu acredito que você pode vencer o medo, traçando um plano de jogo que torne o medo obsoleto. Isso não tem a ver com uma tática engenhosa ou uma forma melhor de escrever um memorando para o seu chefe. Isso tem a ver com deixar claro para si mesmo (e para os outros) que o mundo agora demanda que nós mudemos. E rápido.

Espere.

Nós precisamos parar de novo. Está claro que apenas alguns parágrafos não serão suficientes para desfazer uma vida inteira de medo.

Então pare por um segundo e pense sobre isso. O único atalho neste livro, a única técnica ou instrução ou informação interna é esta: as alavancas estão aqui. O poder está aqui. A única coisa que está atrasando você é o seu próprio medo.

Não é fácil admitir, mas essencial de se entender.

O Princípio de Peter Revisitado

O Dr. Laurence Peter é famoso por propor que "em uma hierarquia, todo empregado tende a crescer até o seu nível de incompetência". Em outras palavras, quando você executa um bom trabalho, você é promovido. E este processo se repete até que finalmente você acabe em um emprego com o qual você não consegue lidar.

Eu gostaria de parafrasear o Princípio de Peter. Eu acho que o que realmente acontece é que "em toda organização todos crescem para um nível no qual eles se tornam paralisados pelo medo."

A essência da liderança é estar consciente do seu medo (e ver nele as pessoas que você gostaria de liderar). Não, isso não vai passar, mas a consciência é a chave para que haja progresso.

Quando Tudo Desaba

Isso é muito comum, mas não tem um nome. Eu estou falando sobre pessoas que lutam por anos mas parecem nunca chegar a lugar algum. Essa falta de tração é normalmente mais notada em pequenos negócios, mas você encontrará isso também em organizações filantrópicas bem intencionadas e em grandes corporações.

Você trabalha e trabalha, seguindo todas as regras, impulsiona com muita força mas nada acontece. Muita dor, nenhum ganho.

O que está acontecendo?

Eu acredito que essas pessoas estejam se tornando ainda melhores em seguir, mas nunca aprendem a liderar.

Elas estão seguindo instruções, estão seguindo direções, seguindo a matilha e estão aprimorando as suas habilidades — mas se escondendo. Se escondendo do medo de liderar.

Quando você está liderando uma tribo, uma tribo a qual você pertence, os benefícios aumentam, o trabalho se torna mais fácil e os resultados são mais óbvios. Essa é a melhor razão para superar o medo.

Vale a Pena Criticar

Um produto ou serviço de destaque é como uma vaca roxa. Vacas marrons são entediantes; mas vale a pena falar das roxas. Aquelas ideias se espalham, aquela organização cresce. A essência do que está acontecendo no mercado hoje gira em torno de se criar vacas roxas.

Eis a matemática do marketing:

Ideias que se espalham, vencem.

Ideias entediantes não se espalham. Organizações entediantes não crescem.

Trabalhar em um ambiente estático não é divertido.

Pior ainda, trabalhar em uma empresa que está ocupada lutando contra a mudança é horrível.

Então por que você e o seu time ainda não lançaram tantas vacas roxas quantas vocês gostariam?

O Medo do Fracasso é Superestimado

O medo do fracasso é realmente superestimado como uma desculpa. Por quê? Porque se você trabalha para alguém, então, mais frequentemente do que se imagina, o custo real do fracasso é absorvido pela organização, não por você. Se o lançamento do produto falhar, eles não irão despedi-lo. A companhia fará um pouco menos de dinheiro e você seguirá em frente.

O que as pessoas têm medo não é do fracasso. É da culpa. Da crítica.

Nós escolhemos não sermos notáveis porque temos medo da crítica. Nós hesitamos em criar filmes inovadores, lançar novas iniciativas de recursos humanos, criar um menu que faça com que as refeições sejam notadas, ou dar um sermão porque temos medo, lá no fundo, que alguém odeie isso e se irrite conosco.

"Essa é a coisa mais estúpida que eu já ouvi!" "Que desperdício de dinheiro." "Quem é o responsável por isso?"

Às vezes a crítica não precisa ser tão óbvia. O medo de ouvir "Eu estou surpreso que você tenha lançado isso antes de fazer mais pesquisas" é o suficiente para que alguém faça muito mais pesquisas, estude algo até a morte e então estrague tudo. Ei, pelo menos você não foi criticado.

O medo da crítica é um empecilho poderoso porque a crítica não precisa ocorrer para que o medo se instale. Veja algumas pessoas serem criticadas por serem inovadoras e é muito fácil se convencer de que o mesmo acontecerá com você se você não for cuidadoso.

A crítica construtiva, claro, é uma ferramenta fantástica. Se um crítico te diz, "Eu não gosto disso" ou "Isso é frustrante," ele não ajudou nem um pouco. O que acontece na verdade é exatamente o contrário. Ele usou o seu poder para atingi-lo sem te dar qualquer informação que o ajudasse a melhorar em uma próxima vez. Pior, ele não deu para aqueles ouvintes qualquer dado com o qual eles pudessem tomar uma decisão pensada por eles mesmos. Não só isso, mas ao recusar revelar a base da sua crítica, ele está sendo um covarde, porque não há maneiras de desafiar a sua opinião.

Eu admito. Quando eu recebo uma revisão ruim, isso fere os meus sentimentos. Afinal, seria bom se todo crítico dissesse que um título meu tenha sido uma inovação, um livro inspirador e cuidadoso que explica como tudo funciona.

Mas às vezes isso não acontece. O que é quase o suficiente para arruinar o meu dia.

Mas isso *não* é o suficiente. Não é o suficiente para arruinar o meu dia porque eu me dou conta de que o meu livro foi notado. A maioria das pessoas o amou. Algumas o odiaram. Mas em geral, muitos livros são ignorados.

Uma revisão ruim não arruína o meu dia porque eu me dou conta da honra que é receber um pouco de crítica. Isto significa que eu confundi as expectativas — que eu não entreguei uma sequência ou o simples guia prático que alguns esperavam. Isto significa que, de fato, eu fiz algo que vale a pena comentar.

A lição aqui é esta: se eu tivesse escrito um livro entediante, não haveria crítica. Não haveria conversa. Os produtos e serviços dos quais se falam a respeito, são aqueles que valem a pena ser comentados.

Como foi o seu dia? Se a resposta é "legal," então eu não creio que você esteja liderando.

Então o desafio, enquanto você contempla a sua próxima oportunidade de ser entediante ou notável, é responder a essas duas perguntas:

1. "Se eu for criticado por isso, eu vou sofrer algum impacto mensurável? Eu irei perder o meu emprego, ser atingido na cabeça por um bastão de baseball, ou irei perder amizades importantes?" Se o único efeito colateral da crítica é que você irá se sentir mal a respeito disso, então você tem que comparar esse sentimento ruim com os benefícios que você irá obter por realmente fazer algo que valha a pena. Ser notável é excitante, divertido, lucrativo e ótimo para a sua carreira. O sentimento ruim passa. E então, depois que você tiver comparado o sentimento ruim e os benefícios e tiver se convencido a trilhar o caminho notável, responda a esta outra pergunta:

2. Como eu posso criar algo que os críticos irão criticar?

O Culto do Herege

Os hereges são engajados, apaixonados e mais poderosos e felizes do que qualquer um. Além disso, eles têm uma tribo que eles apoiam (e que os apoia de volta).

Desafiar o status quo exige um comprometimento, tanto público quanto privado. Isso envolve alcançar outros e colocar as suas ideias na fila. (Ou afixar as suas 95 Teses na porta da igreja.)

Os hereges *devem* acreditar. Mais do que qualquer um em uma organização, essa é a pessoa que está desafiando o status quo, aquela que está ousando ser grande, que está verdadeiramente presente e não apenas batendo cartão, aquela que deve confiar em suas crenças.

Você consegue imaginar Steve Jobs aparecendo para receber o seu pagamento? É bom ser pago. É essencial acreditar.

Deveriam Fazer Uma Estátua Sua?

Quanto ego está envolvido em ser um líder?

David Chang é um chefe fantástico com uma tribo leal. Os seus restaurantes estão sempre sendo comentados nos blogs e as pessoas passam horas tentando entrar neles. Elas fazem fotos dos itens do restaurante e as postam na internet, junto com comentários do tipo "David Chang é um gênio."

É claro pra mim que se eles fizessem estátuas de chefes de cozinha, eles fariam uma para David.

Mas David está fazendo isso pelo glória, ou pela tribo? Eu acho que você sabe a resposta — grandes líderes focam na tribo e apenas na tribo.

Pema Chödrön é uma freira budista que trabalha em um monastério na Nova Escócia. Milhões de pessoas ao redor do mundo reverenciam o seu trabalho, leem os seus livros, ouvem às suas gravações, e aqueles que podem a visitam. Ela é uma egomaníaca? É claro que não. Ouça-a por três minutos e você verá que ela não está fazendo o que faz em busca de glória; ela faz isso para ajudar as pessoas.

Isso é um fato em se tratando de todos os líderes, de David Chang em sua cozinha em Nova York à Nancy Pearl, a bibliotecária favorita de Seattle. Eles são generosos. Eles existem para ajudar a tribo a encontrar algo, para fazer com que a tribo prospere. Mas eles sabem que o modo mais poderoso de se fazer isso é fazendo com que as pessoas venerem o seu trabalho: é saindo na frente, criando um ponto, desafiando a convenção e expressando a sua opinião. Esses são atos de bravura e a bravura gera estátuas.

É fácil hesitar quando confrontado com o sentimento de que talvez você esteja recebendo atenção demais. Grandes líderes são capazes de refletir a luz em suas equipes, suas tribos. Grandes líderes não desejam atenção, mas eles a usam. Eles a usam para unir a tribo e para reforçar o seu senso de propósito.

Quando você abusa da atenção você está tirando algo da tribo. Quando Fidel Castro fazia discursos de seis ou sete horas de duração (com presença obrigatória), ele estava diminuindo a energia da sua tribo. Quando um chefe executivo toma os despojos da realeza e começa a agir como um monarca egoísta, ele não está mais liderando. Ele está tirando.

A Melhor Treinadora do Mundo

Assistir Meghan McDonald treinar os membros do Team Rock não é nada inspirador. Normalmente, ela apenas fala calmamente e individualmente, com alguém que precisa ouvir algo dela. Após algumas horas, Meghan terá tido dúzias de conversas assim. Ela ocasionalmente fala com o time todo, mas nunca levanta a voz. Ninguém chora, ninguém é desprezado, ninguém sofre bullying.

Depois de algumas semanas, coisas maravilhosas começam a acontecer. Os membros do time começam a treinar uns aos outros. Um novato de 10 anos de idade oferece uma indicação para um veterano recém-chegado da competição nacional. Meghan deixa o prédio, e a prática continua.

As analogias esportivas raramente funcionam para mim. Elas são irrealísticas demais, muito cheias de testosterona para o mundo real. Meghan, no entanto, não é apenas uma treinadora. Ela é alguém que entende a autêntica liderança e se dá conta do que significa criar uma tribo.

Ela não lidera da forma como outras pessoas lideram. E isso é bom, porque não existe uma técnica correta, uma tática provada, uma forma certa ou errada. Decidir liderar, ao invés de gerenciar, é a escolha crítica.

Meghan se conecta e inspira. Ela não gerencia.

Unificador

A primeira coisa na qual um líder precisa focar é no ato de unificar uma tribo.

É tentador tornar uma tribo grande, conseguir mais membros, espalhar a palavra. Isto empalidece, no entanto, quando justaposto com os efeitos de uma tribo mais unificada. Uma tribo que se comunica mais rapidamente, com entusiasmo e emoção, é uma tribo que prospera.

Uma tribo mais unificada é aquela mais propensa a ouvir o seu líder, e mais propensa ainda a coordenar ação e ideias através dos membros da tribo.

Steve Jobs unificou a tribo de fanáticos pela Apple de muitas maneiras. Criando novos produtos substanciais e os anunciando online, ele fez disso um ritual para que os fanáticos se "sintonizem" para ouvir as novidades. Dentro de algumas horas do anúncio de um novo produto, a palavra se espalhou para milhões ou até mesmo dezenas de milhões de usuários — tudo eletronicamente, tudo online. Ao mesmo tempo, a Apple experimentou um efeito colateral da obsessão de Jobs pelo sigilo dos novos produtos: os rumores e especulações abastecem mais profundamente as conversas entre os fãs da Apple. O usuários irão criar protótipos de produtos imaginados e compartilhar fotos e até mesmo cavar patentes obscuras para provar o seu ponto.

Essa unificação pode acontecer sem tecnologia, e isso pode acontecer sem que haja uma intenção de lucro. Keith Ferrazzi lidera uma tribo de celebridades de visão e líderes de opinião — de Meg Ryan a Ben Zander — e ele lidera este grupo não liderável simplesmente unificando a tribo. Ele apresenta pessoas. Ele as convida para jantar. Ele encontra áreas de interesse comum e então sai do caminho.

Táticas e Ferramentas para a Unificação

A internet e a explosão da mídia social têm tornado ainda mais fácil comercializar.

O primeiro tipo de marketing, o ato de espalhar a palavra e alcançar o inalcançável, permite que tribos de todos os tipos se formem. Sites como o Meetup.com e o Craigslist facilitam a conexão entre pessoas que não estão conectadas.

Eu estou mais interessado no segundo tipo de marketing, a ação de unificar a sua organização e espalhar a palavra dentro da tribo. Um blog é uma maneira fácil de ver esse método em ação. Um blogueiro tem uma ferramenta gratuita, praticamente livre de esforço para enviar mensagens regulares (diariamente? de hora em hora?) para ajudar as pessoas que querem lê-las. E com os comentários e trackbacks, os membros da tribo podem se pronunciar — e se comunicar uns com os outros. Discussões acontecem, ideias são compartilhadas, decisões são feitas — rapidamente.

Eu poderia escrever um livro inteiro sobre o poder de um blog ao disseminar as ideias de um líder. Um poeta que nunca teve um trabalho publicado, antes condenado a ir contra o sistema, agora é publicado (se ele quiser). Se as ideias são boas, elas irão se espalhar. A propagação dessas ideias podem atrair uma tribo, e o poeta vai do anonimato para a liderança.

Os blogs podem funcionar dentro de organizações já existentes também. Eu precisei de um boletim para galvanizar os engenheiros com os quais eu trabalhava em 1984; você pode usar um blog e alcançar mais pessoas, de uma forma mais poderosa e sem custos.

As companhias de internet tem usado a ideia por trás dos blogs e a amplificado em um conjunto de ferramentas que qualquer um pode usar para unificar uma tribo.

Com o Twitter, pequenas atualizações alcançam as milhares de pessoas que estão esperando para saber novidades sobre você e seguir a sua liderança.

O Facebook vai na direção contrária do Twitter. Ao invés de forçar você a usar apenas alguns caracteres, ele permite que uma enorme gama de imagens, texto, e conexões sejam criadas. O Facebook traz à tona o que alguns estão chamando de gráfico social. Quem você conhece, como você os conhece, quem conhece quem. Isso expõe o mundo escondido das tribos e o ilumina com a clara luz digital.

O Basecamp é uma terceira forma de interação online, muito diferente do Twitter e do Facebook e perfeito para o gerenciamento de projetos e para o rastreamento do trabalho. Ao acessar coisas que costumavam estar em e-mails privados ou periódicos escritos à mão, o Basecamp torna fácil para toda a tribo rastrear o progresso e a dinâmica que você está construindo.

Nada online está nem mesmo perto de substituir o trabalho duro e a generosidade que vêm da liderança.

Mas essas ferramentas a tornam mais poderosa e produtiva, independente de quem esteja em sua tribo.

Desconforto

A liderança está escassa porque poucas pessoas estão dispostas a passar pelo desconforto exigido ao liderar. Essa escassez torna a liderança algo valioso. Se todos tentam liderar o tempo todo, nada demais acontece. Esse desconforto é o que cria a alavancagem que faz com que a liderança valha a pena.

Em outras palavras, se todo mundo pudesse fazer isso, eles fariam, e a liderança não teria muito valor.

É desconfortável ficar de pé na frente de estranhos.

É desconfortável propor uma ideia que pode falhar.

É desconfortável desafiar o status quo.

É desconfortável resistir ao forte desejo de se acomodar.

Quando você identificar o desconforto, você terá encontrado um lugar que precisa de um líder.

Se você não está confortável no seu trabalho como líder, é quase certo que você não esteja alcançando o seu potencial nessa posição.

Seguidores

Claro, uma tribo precisa de seguidores também. Uma organização, qualquer organização, precisa de pessoas que não estejam apenas dispostas a seguir mas *ansiosas* para seguir.

Eu penso, no entanto, que é um erro acreditar que os melhores recrutas da sua tribo sejam ovelhas cegas. Pessoas que não fazem nada além de seguir as instruções cegamente o decepcionam de duas maneiras.

Primeiro, elas não irão tomar a liderança necessária quando os membros da tribo se interagem. Elas estarão tão ocupadas seguindo o roteiro que irão hesitar em se engajar nas interações que tornam uma tribo unificada, a organização vibrante que ela é. As pessoas não se engajam simplesmente para lembrarem umas às outras a respeito do status quo. Ao invés disso, elas se engajam ansiosamente quando querem que algo melhore. Essa micro-liderança é essencial para a saúde da sua organização.

Segundo, elas não se sairão muito bem ao recrutar novos membros para a sua tribo. Isso porque o evangelismo requer liderança. Liderar alguém no intuito de fazê-lo abandonar a visão mundial e abraçar a sua, não é tão fácil, e nem sempre é confortável. Considere qualquer grupo vibrante — ativistas políticos, voluntários filantrópicos, ou fanáticos por marcas. Em cada um deles, são os micro-líderes nas trincheiras e os seus seguidores entusiásticos que fazem a diferença, não o cabeça que está ostensivamente gerindo o grupo.

Se Inclinando, Se Apoiando, Fazendo Nada

Os grupos criam vácuos — pequenos bolsos onde a estagnação se instala, onde nada está acontecendo. Imagine o início de uma festa, onde todo mundo está de pé, esperando que algo aconteça. Ou um mercado antes de abrir, cheio de compradores mas com todas as lojas fechadas, com nada para criar energia ou animação. Não existem tribos aqui, apenas indivíduos isolados em grupos estáticos.

Os líderes descobrem como adentrar nesses vácuos e criar movimento, eles trabalham duro para fazer isso — o tipo de movimento que pode transformar um grupo em uma tribo.

Um estudante pode sentar em uma sala de aula e aceitar o que o professor está transmitindo, então fazer o trabalho e passar de ano. Ou ele pode tomar a iniciativa e liderar. Ele pode provocar, questionar e pedir mais.

Um profissional do marketing pode oferecer um produto, tomar pedidos e seguir em frente. Ou ele pode usar interações com prospectos para criar algo mais, para surpreender e fascinar e gerar muito mais do que o dinheiro do cliente vale. Essa postura de se inclinar é rara e valiosa. Na primavera de 2008, eu anunciei um estágio remunerado de verão para estudantes. Mais de 130 alunos bem educados de todas as partes do mundo se inscreveram. Como experiência, eu criei um grupo privado no Facebook para os inscritos e convidei cada um para participar. Sessenta deles se juntaram imediatamente.

Não existia uma tribo ainda — apenas sessenta estranhos em um fórum da internet.

Dentro de algumas horas, alguns haviam tomado a liderança, postando tópicos, começando discussões, se inclinando e liderando. Eles chamaram os seus colegas para contribuir e participar.

E o resto? Eles se esconderam. Eles se sentaram e assistiram. Eles estavam se escondendo, com medo de algo que não estava propenso a acontecer.

Quem você contrataria?

Como aqueles que se esconderam poderiam imaginar que não fazer nada poderia aumentar as suas chances de serem selecionados? Estavam eles esperando conhecer alguém interessante ou descobrir algo novo simplesmente assistindo?

A experiência foi perfeita não havendo externalidades, discussões paralelas, ou casos especiais — apenas sessenta e poucas pessoas, cada uma demostrando um comportamento que surgiu naturalmente.

Nem toda liderança envolve se colocar de frente para a tribo. É necessário o mesmo esforço para conseguir sair do caminho. Jimmy Wales lidera o Wikipédia não por incitar, mas por tornar possível que outros preencham o vácuo. Minha liderança no processo de inscrição do estágio envolveu preparar o palco e me afastar, não empurrar a cada passo do caminho.

O único caminho que nunca funciona é o mais comum: fazer absolutamente nada.

Fazer nada traz uma sensação de segurança e exige pouquíssimo esforço. Isso envolve muita racionalização e um pouco de covardia também.

A diferença entre se apoiar e não fazer nada pode parecer sutil, mas não é. Um líder que se apoia está criando um compromisso com o poder da tribo e está alerta ao momento certo de entrar em cena novamente.

Alguém que não está fazendo nada está simplesmente se escondendo.

A liderança é uma escolha. A escolha de não ficar sem fazer nada.

Incline-se, apoie-se, mas não fique sem fazer nada.

Participar não é Liderar

Vinte por cento da população do Canadá hoje usa o Facebook. Muitos desses usuários têm uma falsa impressão de que se juntar a um grupo é importante de alguma forma. Mas isso não é verdade. (E os Canadenses não são os únicos com essa mesma impressão.)

Enviar o seu currículo, aparecer para networking, dar uma volta pelo bar dos solteiros — essas são maneiras estúpidas de liderar a tribo e não são sequer maneiras úteis de ser visto como um membro de valor.

Aparecer não é o suficiente. Adicionar dez, vinte ou mil pessoas no Facebook talvez seja bom para o seu ego, mas isso não tem nada a ver com qualquer medida válida de sucesso.

Estudos de Casos: CrossFit.com e PatientsLikeMe.com

O CrossFit é uma página de fanáticos por boa forma sutilmente loucos (tudo bem, completamente loucos). São pessoas que em qualquer dia terão uma rotina de exercícios como esta:

Quinze flexões, seguidas de um levantamento,

seguido de treze flexões, seguidas de três levantamentos, seguidos de onze flexões, seguidas de cinco levantamentos, seguidos de nove flexões, seguidas de sete levantamentos, seguidos de nove flexões, seguidos de sete levantamentos, seguidos de sete flexões, seguidas de nove levantamentos, seguidos de cinco flexões, seguidas de onze levantamentos, seguidos de três flexões, seguidas de treze levantamentos, seguidos de uma flexão, seguida de quinze levantamentos.

E eles farão isso em uma competição cronometrada contra centenas de pessoas ao redor do mundo. No dia em que eu cheguei o site deles, mais de quatro mil pessoas haviam postado os seus tempos nesse exercício em particular.

Existem cursos de certificação e as vagas ficam invariavelmente esgotadas semanas ou meses antes de começar. Um crescente grupo de treinadores certificados está abrindo academias ao redor do mundo, cada uma delas encontrando seus próprios membros da tribo CrossFit, todas coordenadas pelo site central.

A tribo CrossFit é forte e está se tornando ainda mais forte. E isso é, em grande parte, resultado do trabalho de Greg Glassman, também conhecido como Coach (treinador). Coach construiu a tribo CrossFit do zero, inspirando e persuadindo e quebrando as regras. Sem Coach, sem tribo.

Glassman, de forma inata, entende como liderar a tribo. Ele os leva ao limite todos os dias. Ele cria um ambiente onde a tribo não apenas *deseja* compartilhar novas ideias e se associar uns com os outros, mas é *capaz* de fazer isso. E a tribo cresce porque os indivíduos segregam orgulhosamente a si mesmos e falam em nome da tribo, recrutando novos membros simultaneamente.

Compare isso com o PatientsLikeMe.com, um site que descobri através de um artigo do *New York Times*.

Eis aqui uma tribo que parece não ter um líder. Existem mais de sete mil pessoas doentes, cada uma delas compartilhando todos os detalhes do seu diagnóstico e status de saúde atual. Das dosagens aos efeitos colaterais, o grupo está construindo uma crescente base de dados sobre tratamentos para o Mal de Parkinson e outras doenças. E eles estão apoiando uns aos outros com entusiasmo e conforto durante esse processo.

Não tem nenhum Greg Glassman ou Oprah Winfrey os entusiasmando. Eles animam uns aos outros — e quem melhor, porque ninguém pode entender o que eles estão passando mais do que eles mesmos.

Mas os fundadores do PatientsLikeMe.com, entretanto, são líderes. Eles fundaram uma tribo que desejava desesperadamente se comunicar e deram a eles as ferramentas para fazer isso. Eles tornaram a tribo mais coesa. Isso também é liderar.

Se inclinando ou se apoiando, mas não deixando de fazer alguma coisa.

Três Homens Famintos e uma Tribo

Quando você tiver a chance vá até http://msg150.com (conteúdo em inglês). Esse blog descreve obsessivamente cada restaurante em uma praça de dezesseis quarteirões de Seattle. Para cada restaurante (a maioria deles asiáticos), eles incluem detalhes como o tamanho dos hashis e o conteúdo do biscoito da sorte.

Aqui está um trecho:

> Eu estava ansioso por este lugar, porque alguns amigos da Amazon deram uma classificação bastante alta. O lugar é pequeno, o que exige que comamos na praça de alimentação vizinha (o que é ótimo, porque eu adoro passar um tempo com viciados em crack). Como o restaurante é típico eu pedi comida típica, item 1 do menu, o Tonkatsu. O anúncio dizia que o prato vinha com uma "fatia de carne de porco" o que já não seria suficiente pra mim. Pedi então uma porção extra de carne de porco.
>
> ...Este ramen é como uma tigela de carne de porco gordurosa na manteiga com alguns pedaços de macarrão para dar textura. Eu admiro a coragem deles em servir isso pra mim. O prato deveria vir com um maço de cigarros, pois a minha saúde claramente não é a preocupação deles. A sopa, embora saborosa, é oprimida pela gordura do porco. No entanto, a carne é fantástica, deliciosa, e cozida até o ponto de derreter.

Eu não sei quanto a você, mas eu quero entrar. Eu quero comer em cada um desses restaurantes, eu quero postar as minhas próprias revisões, eu quero me juntar a essa tribo. Se me pedirem para sair a campo, eu vou, eu estou dentro.

Outros irão zombar e seguir em frente, imaginando do que se trata toda essa obsessão. É isso o que faz uma tribo, é claro. Existem os de dentro e os de fora.

Curiosidade

O fundamentalista é uma pessoa que se considera um fato é aceitável à sua religião antes de explorá-lo.

Diferente de uma pessoa curiosa que explora primeiro e então considera se quer ou não aceitar as ramificações.

Uma pessoa curiosa abraça a tensão entre a sua religião e algo novo, luta com isso e por isso e então decide se irá abraçar a nova ideia ou rejeitá-la.

Curioso é a palavra-chave. Isso não tem nada a ver com educação, e com certeza, nada a ver com religião organizada. Tem a ver com um desejo de entender, um desejo de tentar, um desejo de ultrapassar os limites para qualquer coisa que seja interessante. Os líderes são curiosos porque eles mal podem esperar para descobrir o que a tribo estará fazendo em seguida. As mudanças na tribo são a parte interessante, e a curiosidade é o que as conduz.

Pessoas curiosas contam. Não porque existem muitas delas, mas porque são elas que falam com aquelas que estão em sono profundo. São elas que lideram as massas no meio daqueles que estão empacados. As massas nesse meio têm feito uma lavagem cerebral nelas mesmas ao pensar que é seguro não fazer nada, algo que o curioso não consegue suportar.

É fácil subestimar o quanto é difícil para que alguém se torne curioso. Durante sete, dez ou quinze anos na escola, exigem que você não seja curioso. Vez após outra, os curiosos são punidos.

Eu não acredito que a questão aqui seja dizer uma palavra mágica; *boom* e então de repente algo acontece e você se torna um curioso. Trata-se de um processo de cinco, dez ou quinze anos onde você começa a encontrar a sua voz, e finalmente você começa a se dar conta de que a coisa mais segura que você pode fazer parece arriscado, e a coisa mais arriscada que você pode fazer é optar pelo modo seguro.

Uma vez reconhecida, a voz quieta mas persistente da curiosidade não vai embora. Nunca mais. E talvez é esta curiosidade que irá nos guiar para distinguir nossa própria grandeza da mediocridade que nos encara de frente.

O que estamos vendo é que o fundamentalismo realmente não tem nada a ver com religião de qual seja sua religião.

O Mito Da Pluralidade

Para vencer uma eleição, você precisa da metade dos votos. Idealmente, mais da metade da população irá apoiá-lo, mas você ganha se conseguir mais da metade dos eleitores.

Para liderar uma tribo, tal regra não se aplica. Tudo o que você precisa é motivar as pessoas para que elas escolham segui-lo. O resto da população está livre para ignorá-lo ou discordar de você ou seguir adiante.

A Starbucks não serve café para a maioria das pessoas nos Estados Unidos. O New York City Crochet Guild atrai apenas uma pequena porcentagem de pessoas em seus encontros. Não há problema nisso. Você não precisa de uma pluralidade ou mesmo uma maioria. Na verdade, em praticamente todos os casos, tentar liderar todo mundo resulta em não liderar ninguém em particular.

Isso leva a um pensamento interessante: você precisa escolher a tribo que irá liderar.

Através das suas ações como líder, você atrai uma tribo que quer segui-lo. Essa tribo tem uma visão de mundo que combina com a mensagem que você está passando.

Se você lidera uma tribo focada em salvar o mundo lutando contra o aquecimento global, a tribo irá, com certeza, ter uma visão de mundo que inclui a ideia de que o aquecimento global é um problema que pode ser tratado através das suas ações. Eles vêm para a tribo tendo isso em mente e a sua liderança ressoa neles.

Se, por outro lado, você escolher trabalhar para persuadir um grupo diferente, um que tenha uma visão de mundo muito diferente da sua, eles estarão propensos a rejeitá-lo. Al Gore começou a liderar a sua tribo quando ele sequer sabia quem eles eram. Ele declarou a sua mensagem e as pessoas o encontraram.

Por fim, as pessoas são mais fáceis de serem guiadas para onde elas queriam ir desde o começo. Por mais que isso pareça limitar a sua originalidade ou influência, é verdade. A Fox News não convenceu milhões de pessoas a se tornarem conservadoras; ela apenas reuniu a tribo e a liderou para onde ela já haviam rumado.

O Experimento da Professora

Imagine duas salas de aula com professoras similares. Uma tem quinze alunos, a outra, trinta e dois. Qual dos grupos obtém uma educação melhor?

Com todas as outras coisas estando iguais, a classe menor será sempre melhor. A professora tem mais tempo para usar personalizando a lição para cada aluno. Ela tem menos alunos, portanto, menos interrupções também.

Agora, inverta o experimento. E se os quinze alunos estiverem fazendo o curso contrariados, apenas como uma exigência para se formarem, enquanto os trinta e dois se inscreveram para serem admitidos e estiverem animados por estarem ali.

Fim de jogo.

As tribos são cada vez mais voluntárias. Ninguém é forçado a trabalhar para a sua firma ou atender aos seus serviços. As pessoas têm uma escolha sobre que música ouvir e a que filmes assistir.

Grandes líderes não tentam agradar ninguém. Grandes líderes não diluem a sua mensagem com o intuito de tornar a tribo um pouco maior. Ao invés disso, eles se dão conta de que uma tribo motivada, conectada à conjuntura de um movimento é muito mais poderosa do que um grupo maior jamais poderia ser.

O Círculo Virtuoso Versus a Tribo Exclusiva

Alguns negócios melhoram quando se tornam maiores. O mesmo acontece com algumas organizações filantrópicas. Tribos que funcionam melhor quando são maiores, se tornam maiores.

Os partidos políticos, por exemplo, prosperam quando representam a maioria. O Facebook funciona precisamente porque todo mundo o utiliza. Você tinha um aparelho de fax porque todo mundo com quem você trabalhava tinha também.

Mas maior nem sempre é a resposta.

Algumas tribos se saem melhor quando são menores. Mais exclusivas. Mais difíceis de entrar. Algumas tribos prosperam precisamente por serem pequenas. Force para tornar uma dessas tribos maior e você talvez arruíne tudo. "Ninguém mais vai lá; é muito popular."

É sempre uma escolha. Sua escolha.

A Maioria das Pessoas Não Importa Tanto

A maioria das pessoas gosta dos produtos que elas já têm, então o marketing as ignora.

A maioria das pessoas trabalha duro para se encaixar, então os outros não as notam.

A maioria das pessoas gosta de comer nos lugares em que já comeram antes.

A maioria das pessoas acha que este livro é uma má ideia.

A maioria das pessoas gostaria que o mundo permanecesse do jeito que está, mas um pouco mais calmo.

A maioria das pessoas está com medo.

A maioria das pessoas não usava o Google até pouco tempo atrás.

A maioria das pessoas não é curiosa.

Você não é a maioria.

Você não é o alvo do mercado para a maioria dos profissionais do marketing, e certamente não é um gerente.

Os líderes não são a maioria das pessoas, assim como os membros das tribos mais importantes também não.

Você não será capaz de crescer na sua carreira ou no seu negócio ou alimentar a tribo seguindo *a maioria das pessoas*. A maioria das pessoas é muito boa em ignorar novas tendências ou grandes empregados ou grandes ideias.

Você pode se preocupar com a maioria das pessoas o dia todo, mas eu garanto que elas não se preocupam com você. Elas não podem ouvi-lo, independente do quão alto você grite.

Quase todo o crescimento que está disponível para você existe quando você não é igual à maioria das pessoas e quando você trabalha duro para atrair aqueles que não representam a maioria das pessoas.

O Status Quo Arruína o seu Dia? (Todos os Dias?)

Como foi o seu dia?

Você está empacado com o modo como as coisas estavam, ao invés de estar ocupado revertendo as coisas para o que elas poderiam ser?

Os hereges têm um plano. Eles entendem que mudar o status quo não é só lucrativo, como é divertido também.

Ser um herege, alguém de fora ou um desordeiro parece assustador. Por que se importar?

Eles Queimam Hereges na Fogueira

Eles os afogam também, os denunciam, os ignoram, e os enforcam.

Eu deveria ter usado o tempo passado. Nada disso é verdade mais. Agora, nós convidamos os hereges para Davos. Os hereges se elegem no congresso. Os hereges fazem fortuna quando as suas companhias se tornam públicas. Os hereges não apenas amam os seus empregos; eles têm um jato particular também.

A imagem da fogueira é difícil de esquecer. Isso nos toca de uma forma quase primordial. Mas isso também é obsoleto. O marketing tem garantido isso. As mesmas forças que nos ensinaram a beber Coca-Cola no café da manhã ou gastar $800 em uma bolsa estão agora a serviço do status quo.

O hereges são numerosos demais para queimar na fogueira. Então nós os celebramos.

A Pergunta Errada

Nós estamos quase lá, mas alguns de vocês estão se coçando para me fazer exatamente as perguntas erradas, que são:

"Como eu faço isso?" ou ainda pior:

"Como eu faço para que o meu chefe me deixe fazer isso?"

Ou para ser bem franco:

"Qual é o caminho sem riscos para que eu me insinue dentro desse sistema de modo que eu seja aprovado para fazer mudanças?"

Certamente, existe um método para se criar mudanças sem ser queimado na fogueira?

Acontece que tem, mas você já o conhece. Acredite.

Ninguém irá ouvir a sua ideia de mudança, balançar sabiamente a cabeça e dizer, "Claro, vá fazer isso."

Ninguém unge você como líder.

Ninguém irá assistir a sua apresentação de slides e te entregar um cheque.

A mudança não é feita pedindo permissão. A mudança é feita pedindo perdão, depois.

Tudo o que Você Precisa Saber São Duas Coisas

A primeira coisa que você precisa saber é que os indivíduos têm muito mais poder do que nunca antes na história. Uma pessoa pode mudar uma indústria. Uma pessoa pode declarar guerra. Uma pessoa pode reinventar a ciência ou a política ou a tecnologia.

A segunda coisa que você precisa saber é que a única coisa evitando que você se torne o tipo de pessoa que muda as coisas é isso: falta de fé. Fé de que você pode fazer isso. Fé de que vale a pena fazê-lo. Fé de que o fracasso não irá destruí-lo.

Nossa cultura trabalha duro para prevenir a mudança. Há muito tempo temos tido sistemas, organizações e padrões criados para dissuadir as pessoas de desafiarem o status quo. Nós reforçamos nossos sistemas e chamamos quem quer que seja louco o suficiente para desafiar um herege. E a sociedade reforça os padrões queimando os hereges na fogueira, seja literalmente ou figurativamente.

Mas o mundo tem mudado muito. Existem hereges por toda a parte. Isso é tão assimétrico que queimá-los não é mais efetivo. Como resultado, mais e mais pessoas — boas pessoas, pessoas em uma missão, pessoas com ideias importantes — estão dando um passo à frente e fazendo a diferença.

Todo sistema, seja ela político, financeiro, ou até mesmo religioso, tem se tornado assimétrico. O processo virou de cabeça para baixo: dimensão não é o mesmo que poder; de fato, a dimensão pode ferir. Nós vimos isso na guerra do Iraque tanto quanto vimos na seção de refrigerantes ou no crescimento de novas religiões. Em cada caso, um indivíduo ou um pequeno grupo tem o poder de inovar um sistema já existente.

Agora, na maior parte do tempo, nós chamamos os hereges de líderes.

Os hereges estão vencendo. Você pode (e deve) se unir a eles.

A Fábrica de Balões e o Unicórnio

Eu não tenho certeza se você já visitou uma fábrica de balões. Provavelmente não.

As pessoas que trabalham nessas fábricas são tímidas. Têm medo. Elas têm muita preocupação com alfinetes, agulhas e porcos-espinho. Elas não gostam de mudanças repentinas de temperatura. Objetos cortantes são um problema também.

A fábrica de balões não é um lugar ruim para se trabalhar se você racionalizar um pouco. O trabalho é estável, um pouco mais apertado próximo do Ano Novo. O restante do tempo é quieto e pacífico e não muito assustador.

Exceto quando os unicórnios aparecem.

No início, os trabalhadores da fábrica mandam eles se calarem e os espantam. Isso geralmente funciona. Mas às vezes, o unicórnio os ignora e se aventura dentro da fábrica assim mesmo.

É quando todos correm em busca de abrigo.

É muito fácil para um unicórnio parar completamente uma fábrica de balões. Isso porque a fábrica é organizada em torno de uma única ideia, a ideia da estabilidade suave e tranquila. O unicórnio muda tudo isso.

A fábrica de balões gira completamente em torno do status quo. E líderes mudam o status quo.

Os Líderes São Generosos

No sobrecarregado ambiente político (e na TV) de hoje em dia, é fácil acreditar que para liderar, você precisa ser um egomaníaco, um superstar com intenção de se engrandecer e se glorificar.

Na verdade, na maioria dos casos é quase que o contrário.

Líderes que têm a oferecer são mais produtivos do que aqueles que procuram conseguir algo. Ainda mais surpreendente é o fato de que a intenção do líder tem importância. As tribos podem querer investigar o porquê de um alguém estar pedindo pela sua atenção. Cuidar dos seus próprios interesses é uma atitude, mas é uma atitude que não vale a pena.

Então, nós temos os chefes executivos que sentam em seus cubículos, assim como todo mundo. Nós encontramos líderes religiosos de sucesso que não viajam de jato particular ou têm uma limusine esperando por eles do lado de fora. Nós vemos o ex-presidente Jimmy Carter construindo casas para os pobres. Os benefícios desses líderes não são monetários ou baseados em status... ao invés disso, eles conseguem a sua compensação ao verem a tribo prosperar.

À medida que a habilidade de liderar uma tribo se torna aberta à mais pessoas, é interessante notar que aqueles que agarram essa oportunidade (e aqueles que são bem sucedidos na maioria das vezes) estão fazendo isso pelo que eles podem fazer pela tribo, não pelo que a tribo pode fazer por eles.

Não se Esqueça do Big Mac e do Forno de Micro-ondas

Em 1967, nos arredores de Pittsburgh, um franqueado do McDonald's chamado Jim Delligatti quebrou as regras e inventou um novo sanduíche. Dentro de um ano, o Big Mac estava no menu dos restaurantes McDonald's de todo o mundo. (Eles até mesmo servem uma versão sem carne na Índia.)

Jim não estava focado em gerenciar a sua franquia às custas de todo o resto. Ao invés disso, ele se tornou um líder. Não foi agraciado com um título ou com uma sansão oficial, Jim liderou uma corporação inteira em uma nova direção.

Em 1946, Percy Spencer, um engenheiro de baixa patente da Raytheon Corporation, estava tentando melhorar a tecnologia de radar quando ele acidentalmente derreteu uma barra de chocolate. Sendo muito inteligente, Percy se deu conta de que havia inventado o forno de micro-ondas. (Próximo passo: pipoca de micro-ondas.) Dentro de algumas décadas, o forno de micro-ondas havia se tornado um item obrigatório em quase todas as casas.

O que é notável nessas duas histórias é o quão raras elas são. Nós continuamos ouvindo a respeito da invenção do Post-it e outros contos inacreditáveis, precisamente porque não existem tantas assim para se escolher. Por muito tempo, se você queria que algo fosse feito, você começava do topo ou você se tornava muito sortudo. A alavancagem vinha do dinheiro e do engajamento organizacional. Se Bill Gates ou Jack Welch ou Lyndon

Johnson pensassem que algo fosse uma boa ideia, isso estaria muito mais propenso a ser feito.

Bem vindo à era da alavancagem. O princípio bottom-up (de baixo para cima) é uma maneira muito ruim de se pensar a respeito disso porque não existe "baixo". Em uma era de mudanças fundamentais, o topo da pirâmide está longe demais de onde a ação está para fazer alguma diferença. Isso demanda muito tempo e carece de impacto. O topo não é mais o topo porque nas ruas é onde a ação está.

A nova alavancagem disponível para todos significa que o status quo está mais ameaçado que nunca, e cada empregado hoje tem a responsabilidade de mudar as regras antes que alguém o faça.

Isso não tem a ver com trilhar o seu caminho até o topo seguindo as regras e *então* iniciar no caminho da mudança do seu mundo. Ao invés disso, essas inovações são exemplos de liderança, sobre um herege, alguém com uma visão de entendimento da alavancagem disponível, que foi em frente e mudou as coisas.

Algumas poucas indústrias se dão bem adotando o status quo. Mas a lista está se tornando mais curta a cada dia. Se você exporta óleo ao redor do mundo, ou vende cartões de crédito ou deseja se eleger supervisor de uma vila, você pode relaxar por mais um tempo, adotando as velhas regras. Mas não por muito tempo. Parece que toda fábrica está sob pressão: todo fabricante de balões não apenas teme o unicórnio como precisa desesperadamente de um.

A Kellog's possui fábricas de cereais avaliadas em centenas de milhões de dólares. Eles possuem uma tropa de vendas bem treinada, quilômetros de espaço nas prateleiras e toneladas de propaganda. Então por que a Bear Naked foi capaz de construir um negócio significante bem debaixo do nariz deles? Sem fábricas caras ou uma enorme força de vendas, essa empresa pegou um produto muito simples, muito tradicional e mudou a forma como muitas pessoas compram o seu café da manhã.

A Bear Naked não tentou gerenciar um portfólio de recursos. Eles não tentaram proteger a fábrica (eles sequer tinham uma para proteger). Ao invés disso, eles lideraram por um caminho diferente, um caminho baseado no moderno, na mudança, e na alavancagem.

Existem chances de que este crescimento e sucesso estejam agora inextricavelmente ligados à quebra das velhas regras e ao afrouxamento das novas regras da sua organização em uma indústria que está com medo demais para mudar.

Escalando Rochas

Chris Sharma é um herege que escala rochas.

Chris mudou as regras de todo um esporte e, ao longo do caminho, influenciou o modo como dezenas de milhares de pessoas pensam sobre conquista pessoal.

Por centenas de anos, escaladores de rochas seguiram um princípio simples: um pé e uma mão na rocha o tempo todo. Se você está ancorado por dois dos seus quatro membros, você pode fazer uma imitação muito boa do Homem-Aranha sem arriscar a sua vida. Direita esquerda direita esquerda, e subindo, baixo risco, muito progresso.

Ao invés de ficar grudado na rocha, Chris pula.

Isso é chamado de dyno. Chris não inventou o dyno, mas ele certamente o levou mais a fundo que ninguém jamais esperou. Chris consegue escalar rotas que eram consideradas impossíveis. Quando ele chega em um beco sem saída, ele olha e pula. Sem as pernas, sem os braços. Somente ar. Para cima, meio centímetro, um metro, um metro e meio, segurando um pequeno torrão de rocha com dois dedos, e seguindo com a sua escalada.

Por algum tempo, isso era controverso. Não estava certo. Era *arriscado*. E então, pouco a pouco, os rapazes da fábrica apareceram. Eles descobriram que a ideia era uma solução razoável (mas surpreendente) para um grande número de problemas relacionados à escalada de rochas. De repente, rotas impossíveis já não eram mais impossíveis.

O palpite é, já que Chris se encaixa no esteriótipo de um típico herege, você não está convencido. Ele é um solitário; ele está arriscando a sua vida e fazendo coisas absolutamente absurdas a doze metros acima do mediterrâneo (e encostando as costas na água várias vezes). É fácil olhar para Chris e dizer, "Eu nunca conseguiria fazer isso". E você estaria certo. Você e eu nunca iremos escalar uma rocha de 5.14a.

A lição não é que você deva arriscar os seus dedos (sem falar da sua vida) em uma rocha. A lição é que uma pessoa com uma visão persistente pode fazer com que a mudança aconteça, seja escalando rochas ou prestando serviços. Aqui está uma forma simples de se pensar a respeito disso: Obe Carrion, ex-campeão de escalada dos Estado Unidos, venceu um torneio de uma forma bastante incomum. Obe era um dos finalistas, e cada um deles tinha que escalar uma rota bastante difícil sobre um paredão muito íngreme. Os primeiros três finalistas fizeram a mesma coisa. Eles entraram pela área de isolamento, inspecionaram a rota e começaram a escalar lentamente, um deles se segurou por um momento, chegando até o topo. Dois conseguiram (com um escorregão ou dois); um caiu.

Obe seria o último. Ele saiu da área de isolamento, inspecionou a rota, deu vinte passos para trás e então *correu* em direção ao paredão. Ele não hesitou, interpolou, ou pensou duas vezes. Ele apenas se comprometeu.

Acontece que este era o modo mais fácil de se escalar o paredão. A ousadia fez com que o problema desaparecesse.

Quem se Acomoda?

Se acomodar não é divertido. Isso é um hábito maligno, um caminho escorregadio que leva você à mediocridade. Os gerentes se acomodam o tempo todo. Eles não têm de fato uma escolha porque existem muitos competindo por prioridade.

Os hereges não se acomodam. Eles não são bons nisso. Gerentes que ficam empacados, que se comprometem em manter as coisas tranquilas, que lutam contra a burocracia todos os dias — são eles que se acomodam. O que mais eles podem fazer?

A arte da liderança é saber definir com o que você não pode se comprometer.

Medo, Fé e Religião

As pessoas que desafiam e então mudam o status quo fazem algo muito difícil. Eles excedem a resistência das pessoas em quem eles confiam, das pessoas para as quais eles trabalham, das pessoas em suas comunidades. A cada passo do caminho, se torna muito mais fácil parar e aceitar os agradecimentos dos trabalhadores da fábrica de balões por finalmente desistir, do que persistir e arriscar a humilhação do fracasso.

Então por que eu devo fazer isso?

A fé é um componente não explícito do trabalho de um líder, e eu acho que ela é subestimada.

Paradoxalmente, a religião é vastamente superestimada.

A fé possui uma longa tradição histórica. Ela leva à esperança, e isso supera o medo. A fé deu aos nossos ancestrais a coragem que eles precisavam para lidar com os mistérios do mundo (antes da ciência). A fé é a linha que separa os humanos da maioria das outras espécies. Nós temos fé que o sol irá nascer amanhã, fé que as leis de Newton continuarão a governar a forma como uma bola se move, e fé que nosso tempo na faculdade de medicina irá valer a pena porque a sociedade continuará precisando de médicos.

Chris Sharma é capaz de fazer um dyno em uma rocha a trinta metros e meio do chão porque ele tem fé de que tudo irá sair bem. Se você vir crianças aprendendo como fazer um dyno, você vai perceber que o segredo para desenvolver a habilidade não tem a ver com trabalhar os músculos ou aprender alguma técnica exótica. Tem a ver simplesmente com desenvolver a fé de que dará certo. "Simplesmente" é claro, é um passo enorme. Nada além de uma fé no valor de alguns neurônios, apenas o conhecimento de que você pode fazer isso. Mas sem fé, o salto nunca funciona.

A fé é crucial para qualquer inovação. Sem fé, é suicídio ser líder, agir como um herege.

A religião, por outro lado, representa um rígido conjunto de regras com as quais nossos companheiros humanos têm abafado a nossa fé. A religião apoia o status quo e nos encoraja a nos adaptarmos, ao invés de nos destacarmos.

Existem incontáveis religiões em nossas vidas, não apenas aquelas com letra maiúscula como o Zoroastrismo ou o Judaísmo. Existe a religião da IBM dos anos 60 por exemplo, que incluía protocolos de local de trabalho, normas de vestuário, e até mesmo um método preciso para se apresentar ideias (em um projetor acima da cabeça). Existe a religião da Broadway, que determina a aparência de um musical e que tipo de emoção ele deve passar. Existe a religião da MBA, o currículo padrão das percepções do que é promissor (um emprego na Bain & Company) e o que é algo instável (ir trabalhar em uma cervejaria).

A Religião Funciona Muito Bem Quando Amplifica a Fé

Esse é o porquê dos seres humanos terem inventado a religião. Esse é o porquê de termos religiões espirituais, culturais e corporativas. A religião dá um certo apoio à nossa fé quando necessário, e isso facilita que os nossos colegas nos encorajem a abraçar nossa fé.

A religião, na melhor das hipóteses, é um tipo de mantra, um lembrete súbito mas consistente de que não há nada de errado em se ter uma crença, e de que a fé é o caminho para se chegar onde você está indo.

O motivo pelo qual nós precisamos falar sobre isso é que muitas vezes a religião faz exatamente o contrário. A religião, no pior dos casos, reforça o status quo, muitas vezes às custas da nossa fé. Eles tinham uma religião na loja de departamentos Woolworth's e aderir, sem variação, aos princípios que a tornaram uma grande loja não permitiu que eles vivessem uma experiência nova e melhor. A loja não existe mais há muito tempo, é claro.

Eles também tinham uma religião no country club descendo a rua. Um conjunto de convicções e regras que são muito difíceis de mudar. Como resultado disso, uma geração inteira de mulheres profissionais nunca irão se juntar ao clube, e ele irá desaparecer em breve.

Desafie a Religião e as Pessoas se Perguntam Se Você Está Desafiando a Fé Delas

A razão por que é tão difícil ter uma conversa a respeito de religião é que as pessoas se sentem ameaçadas. Não pela crítica implícita sobre os rituais ou a irracionalidade de uma prática religiosa em particular, mas porque isso causa uma sensação de crítica à fé delas.

Fé, como vimos, é a pedra angular que mantém nossas organizações unidas. A fé é a pedra angular da humanidade; nós não podemos viver sem ela. Mas a religião é muito diferente da fé. A religião é apenas um conjunto de protocolos inventados, regras para a vida (até então). Os hereges desafiam uma determinada religião, mas fazem isso a partir de uma forte fundação de fé. Para liderar, você deve desafiar o status quo da religião sob a qual você está vivendo.

É claro, religião e fé andam juntas. Você pode lembrar da sua fé ao vestir o uniforme da companhia ou pronunciando o mantra da sua religião atual. Você pode conquistar o apoio da comunidade por aparecer na igreja ou no piquenique da empresa e por seguir os rituais de qualquer que seja a religião que esteja sendo praticada. Sem religião, é mais fácil para a fé se manifestar. Não há dúvidas de que a religião tem estado presente em nosso mundo desde sempre. Ela reforça a fé, e não conseguimos ser bem sucedidos sem ela.

Então, hereges de sucesso criam as suas próprias religiões. A revista *Fast Company* foi o novo testamento para uma nova religião. Ela reuniu um novo grupo de amigos, novos apoiadores, novos rituais. O mesmo acontece em companhias que adotam o comportamento herege (como a IDEO) e nos blogs ou até mesmo no restaurante Buck's no Vale do Silício ou na conferência do TED ou em outros lugares onde os líderes gostam de ir. Essas religiões existem por uma razão — para reforçar a nossa fé.

Você pode fazer isso de propósito. Você pode reconhecer a necessidade de fé na sua ideia, você pode encontrar a tribo que você precisa para suportá-lo, e sim, você pode criar uma nova religião em torno da sua fé. Steve Jobs fez isso de propósito na Apple e Phil Knight é famoso por ter feito isso na Nike.

Mudando de Religião Sem Abrir Mão da Fé

Um estudo recente feito pela Pew Research Center for the People & the Press, descobriu que cerca de um terço dos americanos abandonou as religiões nas quais cresceram. O estudo erroneamente usa a palavra *fé,* mas de fato, poucas dessas pessoas perderam a fé. O que elas fizeram na verdade foi mudar o sistema que elas usam para reforçar aquela fé.

Quando você se apaixona pelo sistema, você perde a capacidade de crescer.

A Fé é o que Você Faz

Se a religião abrange as regras que você segue, a fé é demonstrada pelas atitudes que você toma.

Quando você lidera sem compensação. Quando você se sacrifica sem garantias, quando você se arrisca porque você acredita, você está demonstrando a sua fé na tribo e na sua missão.

É claro, isso é difícil. Mas os líderes sempre dirão a você que vale a pena.

Uma Palavra Para Isso

Religião e fé são frequentemente confundidas. Alguém que se opõe a fé é chamado de ateu e é bastante insultado. Mas nós não temos uma palavra comum para alguém que se opõe a uma religião em particular.

Herege vai ter que servir.

Se a fé é a fundação de uma sistema de crenças, então a religião é a fachada e a paisagem. É fácil se ver envolto nos pontos fracos de uma cultura corporativa e pelos sistemas que têm sido construídos com o passar do tempo, mas para começo de conversa, isso não têm absolutamente nada a ver com a fé que construiu o sistema.

A mudança é feita pelas pessoas, pelos líderes que têm orgulho de serem chamados hereges porque a fé deles nunca é questionada.

No ano de 1515, o Concílio de Trento escreveu o seguinte a respeito dos hereges: "Finalmente, todos os fiéis estão sendo ordenados a não presumir, ler ou possuir quaisquer livros contrários a prescrição destas regras ou da proibição desta lista. E se qualquer um ler ou possuir livros escritos por hereges ou escritos de qualquer autor condenado ou proibido por motivo de heresia ou suspeita de ensinamento falso, ele incorre imediatamente à sentença de excomungação."

Meu amigo, você está com problemas. É melhor se livrar deste livro.

A Bravura Exagerada dos Desacreditados

Por cerca de uma década, eu carreguei uma moeda em minha bolsa. Essa é uma das setenta moedas que dei para a equipe que liderei na Yoyodyne, uma companhia que eu mesmo comecei. Colada na moeda há uma pequena etiqueta que celebra o nosso grupo e a nossa "Bravura exagerada dos desacreditados".

A liderança quase sempre envolve pensar e agir como alguém desacreditado. Isso porque os líderes trabalham para mudar as coisas, e as pessoas que estão sempre reclamando nunca o fazem.

O que nós fizemos foi (e o que você faz é) corajoso. Isso requer bravura. Gerenciar não, e seguir as regras para tirar o seu sustento também não. Pode até ser um trabalho pesado, mas é seguro. Mudar as coisas — ousar e criar um futuro que ainda não existe (ao mesmo tempo sendo criticado por todos) — requer bravura.

Exagerado? Isso é fácil. O modo de pensar e o esforço comuns quase nunca são suficientes para gerar liderança. Isso porque a nossa inclinação é para fazer apenas o suficiente. Isso requer algo extraordinário, um chamado para a ação que é irresistível, e uma causa pela qual valha a pena lutar para fazer com que as pessoas de fato se juntem a ela.

Se você não está exagerando, você não terá qualquer chance de fazer as coisas acontecerem.

O Mais Fácil

O mais fácil é reagir.

A segunda ação mais fácil é responder.

Mas o mais difícil é começar.

Reagir, como disse Zig Ziglar, é o que o seu corpo faz quando você toma um remédio errado. Reagir é o que os políticos fazem o tempo todo. Reagir é intuitivo e instintivo e normalmente é perigoso. Os gerentes reagem.

Responder é uma alternativa muito melhor. Você responde a um estímulo externo com uma ação pensada. As organizações respondem às ameaças dos concorrentes. Os indivíduos respondem aos colegas ou às oportunidades. A resposta é sempre melhor do que a reação.

Mas ambas perdem a cor comparadas à iniciativa. Iniciar é realmente e verdadeiramente difícil. E isso é o que os líderes fazem. Eles veem algo que os outros estão ignorando e se jogam nisso. Eles criam as situações onde outros têm que reagir. Eles criam mudança.

Escolha Seguir

Os méritos da liderança são tão arraigados que é natural dizer, "eu vou ficar na liderança."

Às vezes, no entanto, faz mais sentido seguir. Liderar quando você não sabe para onde ir, quando você não tem o engajamento ou a paixão, ou pior de tudo, quando você não é capaz de superar o medo — esse tipo de liderança é a pior de todas.

É necessário coragem para reconhecer que talvez dessa vez, neste momento, você não possa liderar. Então saia do caminho e opte por seguir.

A Diferença Entre Coisas que Acontecem com Você e Coisas que Você Faz Acontecer

No modelo antigo, as coisas aconteciam com você no trabalho. Fábricas foram abertas, pessoas foram contratadas. Os chefes deram instruções. Você foi transferido. Houve cortes. Você foi promovido. Fábricas fecharam.

Por outro lado, as coisas não acontecem com os líderes. Eles fazem as coisas acontecerem.

No meio da crise da hipotecária, eu passei algum tempo com algumas centenas de corretores em sua convenção anual. O que eu descobri talvez o surpreenda. O grupo estava completamente separado. Alguns dos corretores viram o que a mídia, Bear Stearns, os bancos, e o público fizeram *a* eles e às suas carreiras conquistadas com tanto esforço. Eles estavam furiosos (até mesmo amargurados) com o fim de um longo período de aumento de preços no setor imobiliário e eles estavam temerosos com relação ao futuro. Esses corretores não sabiam como iriam lidar com aquilo que havia acontecido. Eles queriam gerenciar as suas carreiras, mas a mudança estava tornando isso impossível.

Os outros corretores evidentemente estavam animados. Eles estavam ansiosos para voltar ao trabalho. Eles viram a mudança no mundo externo como uma oportunidade, uma chance para ampliarem radicalmente os seus negócios. Eles sabiam que os problemas da época não durariam para sempre. E eles entenderam que os problemas iriam exterminar os oportunistas, permanecendo os profissionais. Cerca de 10 ou 20 por cento dos corretores iriam desistir, e os líderes, aqueles que ficariam, se deram conta de que aquela mudança era algo muito bom. Da mesma forma que os soldados se dão conta de que a guerra é o que forma os generais, esses corretores estavam prontos e motivados para usar a mudança como uma chance de causar algum estrago no status quo.

Permeabilidade

Talvez você trabalhe para a Boeing ou para a Monsanto ou algum outro gigante multinacional. É mais provável, no entanto, que você trabalhe em um pequena organização, talvez uma organização com poucas pessoas. De qualquer modo, vale a pena tirar um minuto para se lembrar de como as coisas costumavam ser.

Executivos tinham secretárias que por sua vez também tinham secretárias. Você enviava um memorando para o seu chefe (e apenas para o seu chefe) e então esperava uma semana ou um mês por uma resposta. Você não compartilhava uma ideia com um colega de trabalho — a direção da informação era preferencialmente para baixo, ou às vezes para cima, e daí então para baixo, mas nunca para os lados.

O clássico profundamente pesquisado de Art Kleiner, *The Age of Heretics* (A Era dos Hereges), conta histórias, uma após outra, de hereges corporativos que acabaram rebaixados, demitidos, envergonhados, e infelizes. As corporações também podem ter sido dirigidas por Josef Stalin — eles tinham planos inalteráveis por cinco anos, canais de comunicação rigidamente controlados e uma corte real ao redor do monarca. As organizações costumavam ser gerenciadas, sem lugar para líderes, sem utilidade para os hereges.

Quando criança, eu costumava visitar o escritório do meu pai. Eu ainda me lembro do aviso próximo do banheiro masculino do escritório corporativo: "Proibido a entrada de operários." Os inteligentes e habilidosos operários não eram somente proibidos de usar o banheiro masculino do escritório adjunto, como também eram raramente convidados para compartilhar o que eles sabiam com os seus chefes.

O sistema era rígido. A Kodak, por exemplo, literalmente mantinha os seus trabalhadores no escuro, trabalhando em uma fábrica completamente escura enquanto fabricavam filme. Já que o processo exigia pouca luz, não era necessário um gerenciamento rígido ou o acúmulo de informação e poder. Fazia parte do processo.

O problema com essa postura é que ela não responde bem ao mundo em constante mudança. E isso certamente não funciona bem quando a informação vem de muitas direções, e de muitas fontes. Quando todo mundo com quem você trabalhava lia *Harvard Business Review* e o mesmo estudo de McKinsey, isso era fácil.

A alta gerência agora quer líderes. Quer hereges que irão criar mudança antes que a mudança os acometa. A alta gerência entende que precisam de seguidores, que eles têm que engajar a tribo por meio da mudança e da iniciativa notável.

Mas o operário hesita.

Nós hesitamos porque vimos o que aconteceu antes. Estamos com medo do fracasso, da crítica, de cometer um erro e de ser pego. Nós temos medo de perder os nossos empregos se pararmos de gerenciar e começarmos a liderar.

A era da alavancagem muda isso, mas o medo permanece. As velhas histórias do que aconteceu há trinta anos atrás são contadas por inúmeras vezes. Nós as usamos para alimentar o nosso medo, para racionalizar o nosso desejo de se esconder.

Flash de notícias: Os hereges não apenas vivem para contar isso hoje; eles realmente prosperam. Jerry Shereshewsky foi um herege na Young & Rubicam, onde a sua natureza impetuosa não combinava muito com a cultura conservadora de uma agência de publicidade dos anos 70.

Sem problemas. Jerry foi fazer fama na BMG e então comigo na Yoyodyne, então na Yahoo e hoje em uma startup chamada grandparents.com. Uma baita carreira. Se ele tivesse mantido a boca fechada, ele ainda estaria anunciando cafeteiras.

Os Líderes Vão na Frente

"Todo mundo vai achar que isso é estúpido!"

"Todos dizem que isso é impossível."

Sabe de uma coisa? Todo mundo trabalha na fábrica de balões e todo mundo está errado.

O status quo é persistente e resistente. Ele existe porque todos querem que ele exista. Todo mundo acredita que o que eles têm é provavelmente melhor do que o risco e têm medo do que vem junto com a mudança.

Todos no mundo em desenvolvimento acreditam que as coisas serão do jeito que eram. Então quando o empreendedorismo e a tecnologia aparecem em uma vila do Quênia, todos resistem.

Todos em uma gravadora em crise acreditam que a única maneira de gerar lucro é possuindo o fluxo de renda da venda de CDs ou downloads digitais. Então quando os novos modelos de negócio se apresentam, todos os ignoram, ou pior, os processam.

Todos na Microsoft acreditavam que a companhia era invencível e que os insignificantes motores de busca e as companhias de internet no Vale não seriam uma ameaça. Steve Ballmer, chefe executivo da Microsoft disse, "Google não é uma companhia de verdade. É um castelo de cartas." Ele disse também, "Não pode haver uma tecnologia mais profunda no Facebook do que algumas dúzias de pessoas poderiam escrever em alguns anos. Isso com certeza."

Repetidamente, todos estão errados — a menos que você acredite que a inovação pode mudar as coisas, que esses hereges podem quebrar as regras e que produtos e serviços notáveis se espalham.

Se você acredita nisso, então você não é todo mundo. Então você está certo.

Assistindo a Indústria Fonográfica Morrer

Não é que eles não tenham visto que isso iria acontecer. Levou quase uma década para que essa indústria próspera e hiperlucrativa cavasse o seu próprio abismo.

As razões são realmente simples:

1. Os executivos da indústria musical não tinham os hereges que precisavam. Ninguém se levantou e fez com que as mudanças acontecessem.

2. Eles esqueceram de abraçar a sua tribo.

Analisar o mercado musical é uma lição muito útil para qualquer herege. Isso demonstra como pessoas extremamente inteligentes em uma indústria consideravelmente nova, obstinadamente ignoraram o mundo ao redor delas e se esconderam. Essas lições se aplicam a qualquer indústria que você possa imaginar.

A primeira regra que o mercado musical falhou em entender é que, pelo menos no início, o novo é raramente tão bom quanto o velho era. Se você precisa que o alternativo seja melhor do que o status quo já no começo, você nunca irá começar.

Em pouco tempo, o novo irá se tornar melhor que o velho. Mas se você esperar até que isso aconteça, pode ser tarde demais. Fique à vontade para sentir nostalgia pelo velho, mas não se engane pensando que ele estará lá para sempre. Ele não vai.

A segunda regra que eles perderam é que a performance passada não é uma garantia de um sucesso futuro.

Toda indústria muda e eventualmente desaparece. Se você talvez tenha ganhado dinheiro fazendo algo de uma certa forma ontem, não há motivos para acreditar que você será bem sucedido fazendo isso amanhã.

O mercado musical teve uma trajetória espetacular junto dos baby boomers (geração nascida após a Segunda Guerra). Começando com os Beatles e Bob Dylan, os executivos da indústria musical continuavam a fazer dinheiro. O expandido poder de compra dos jovens, combinado com o nascimento do rock, a invenção do transistor e os costumes sociais em constante mudança, significaram uma longa curva de crescimento.

Como resultado disso, o mercado musical construiu sistemas enormes. Eles criaram organizações de peso, megalojas especializadas, um chamariz para a indústria de turismo, margens de lucro extraordinariamente altas, MTV, e muito mais. Era um sistema bem estabelecido, mas a pergunta chave é: Por que ele merecia durar para sempre?

Não merecia. E o seu também não.

O mercado musical foi construído sobre cinco pilares:

- Promoção gratuita em rádio
- Um número limitado de selos concorrentes
- O alto custo de produção, exigindo que os músicos fossem financiados pelas gravadoras.
- As paradas de sucesso focadas
- Uma mídia de alta margem de lucro e impossível de ser copiada (o LP)

Note que nenhum desses cinco pilares tem alguma coisa a ver com tribos ou liderança.

Um a um, cada um deles foi esmigalhado nos últimos anos. O resultado é que ainda que exista muita música, o mercado musical está com problemas.

A inovação: Use a distribuição digital e a internet como rádio, mas faça melhor. Esteja no negócio de serviços/brindes, ao invés de processar clientes e ansiar pelos velhos tempos. Encontre centenas de tribos para centenas de músicos e lidere-os para onde eles querem ir.

A melhor hora para mudar o modelo do seu negócio é enquanto você ainda tem pique. Não é fácil para um artista desconhecido começar do zero e construir uma carreira independente. Não é tão fácil para ele encontrar fãs, um de cada vez, e construir uma audiência. Muito,

muito fácil para uma gravadora ou um artista top fazer isso. Então o momento para pular era ontem. É tarde demais. Tudo bem, mas e quanto ao hoje?

Quando mais cedo você fizer isso, mais recursos e impulso você terá que colocar em serviço.

Não Entre em Pânico Quando o Novo Modelo de Negócio Não For tão "Limpo" quanto o Antigo

Não é fácil abrir mão da ideia de produzir CDs com uma margem de lucro de 90 por cento e mudar para um modelo combinado de shows e lembrancinhas, de comunidades e cartões comemorativos e evento especiais e acessórios de propaganda.

Supere isso. Esta é a única opção se você quer ficar neste negócio. Você não vai vender um monte de CDs em cinco anos, vai?

Se existe um negócio aqui, os poucos primeiros irão encontrá-lo; o resto irá perder tudo.

A indústria deliberadamente falhou em ler o sinal dos tempos.

Indústrias não morrem de surpresa. Não é como se você não soubesse que iria acontecer. Não é como se você não soubesse para quem ligar (ou quem contratar).

O que estava faltando era liderança — um indivíduo (um herege) pronto para descrever o futuro e construir a união necessária para chegar lá.

Isso não tem a ver com se ter uma grande ideia (quase nunca é). A ótima ideia está por aí, de graça, em seu blog vizinho. Não, isso tem a ver com tomar a iniciativa e fazer as coisas acontecerem.

A última pessoa a deixar o atual mercado musical não será o mais esperto, e ele tampouco será o mais bem-sucedido. Sair na frente e sinalizar o novo território é quase sempre muito vantajoso.

Eu sei que é difícil acreditar, mas os bons e velhos tempos ainda estão por vir, mesmo para o mercado musical. A questão é, aqueles que percorreram esse caminho nos velhos tempos não estarão por perto quando o reagrupamento acontecer, porque eles não serão bem-vindos.

Criação de Ovelhas

Eu defino *criação de ovelhas* como o resultado de se contratar pessoas que foram criadas para serem obedientes e dar a eles trabalhos alienados e medo suficiente para mantê-los na linha.

Você provavelmente já deve ter encontrado algumas ovelhas.

Um inspetor de bagagem que proíbe uma mãe de embarcar levando uma garrafa de leite materno, e a força a bebê-lo porque qualquer outro procedimento não está no manual. Um representante de uma empresa de serviço ao cliente que lê alegremente e em voz alta uma política da companhia seis ou sete vezes, mas nunca para pensar no significado. Um executivo de marketing que compra milhões de dólares em tempo na TV mesmo sabendo que isso não está dando certo — ele o faz porque o seu chefe disse para fazer.

É irônico mas não é nenhuma surpresa que em nossa era de crescente dependência de novas ideias, mudança rápida e inovação, a criação de ovelhas esteja em alta. Isso porque já não podemos confiar nas máquinas para fazerem o trabalho alienado.

Nós mecanizamos o que pudemos mecanizar. O que resta é reduzir os custos do trabalho manual que deve ser feito por um humano. Então nós escrevemos manuais e nivelamos por baixo em busca da mão de obra mais barata possível. E não é surpresa que quando vamos contratar aquele trabalhador, nós procuramos por pessoas que já foram treinadas para serem como ovelhas.

Treinar um estudante para ser uma ovelha é muito mais fácil. Preparar para a prova, garantir o comportamento obediente e usar o medo para fazer com que uma criança passe na escola. Então por que é de se espantar que formamos tantas ovelhas?

E a faculdade? Pelo fato das apostas serem mais altas (oportunidade, custo, instrução e o mercado de trabalho), os alunos recorrem àquilo que lhes foi ensinado: ser uma ovelha. Ovelhas bem instruídas, é claro, mas ainda assim, obedientes.

E muitas organizações fazem tudo o que podem para contratar pessoas que demonstram consistência e obediência. E então essas organizações dão a essas pessoas empregos onde elas são gerenciadas via medo. O que leva à criação de ovelhas ("Pode ser que eu seja demitido!").

A culpa não é do empregado, pelo menos não no início. E, é claro, a dor é muitas vezes suportada tanto pelo empregado quanto pelo cliente.

Isso é menos eficiente do que buscar uma alternativa? O que acontece quando você constrói uma organização que é horizontal, aberta e trata os seus empregados com respeito? O que acontece quando você espera muito e confia nas pessoas com as quais você trabalha? No início, isso pode parecer loucura. Há despesas demais, pouca previsibilidade e muitíssimo tumulto. Esse não é o modelo descendente da fábrica, ou do rei e sua corte. Isso é caos. É fácil de ser rejeitado categoricamente.

Então, vez após outra, nós vemos algo acontecer. Quando você contrata pessoas incríveis e as dá liberdade, elas fazem coisas incríveis. E as ovelhas e os seus chefes assistem e balançam a cabeça, certos de que aquela é apenas uma exceção e que é muitíssimo arriscado para a sua indústria e para a sua base de clientes.

Eu estava em uma conferência da Google no mês passado e passei um tempo em uma sala cheia de (recém-formados) representantes de vendas da empresa. Eu conversei com alguns deles por um tempo a respeito do estado da sua indústria. E me cortou o coração descobrir que eles estavam criando ovelhas.

Considere a recepcionista em uma editora que eu visitei uma semana mais tarde. Lá estava ela, fazendo nada. Sentada, cuidando das suas coisas, completamente entediada. Ela sabia que a recepção é bastante quieta e que ela apenas se senta lá, lendo romances e esperando. E ela tem feito isso por dois anos.

Ou considere uma aluna de MBA que eu conheci ontem e aceitou um emprego em uma importante companhia de produtos embalados porque eles a ofereceram um ótimo salário e prometeram a ela uma marca bastante conhecida. Ela vai ficar "apenas por dez anos, então ter um bebê, sair e começar o meu próprio show." Ela vai se tornar muito boa em juntar cupons promocionais do jornal de domingo, mas não particularmente boa em resolver novos problemas.

Que desperdício.

O primeiro passo é dar um nome ao problema. Criação de ovelhas. Pronto.

O segundo passo é para aqueles de vocês que se identificam com estes exemplos se darem conta de que sempre podem parar. Você sempre pode exigir a carreira que merece recusando caminhar pelo mesmo caminho por onde todo mundo passou, simplesmente porque todo mundo está fazendo isso.

O maior dos passos, no entanto, vem de qualquer um que ensina ou contrata. E se trata de adotar o comportamento antiovelha, recompensar e estimar isso. Como vimos, em quase todo o lugar onde tem havido crescimento hoje, é onde as coisas boas acontecem.

(Eu acabei de reler esses parágrafos e aposto que algumas pessoas irão pensar que estou sendo muito rude. Isso depende. Depende se você acredita que as pessoas têm uma quantidade considerável de potencial inato, que o trabalho toma tempo demais delas para ser entediante e que as organizações precisam de paixão, dos empregados e dos clientes — se elas quiserem se tornar tribos e movimentos. Isso depende se você acredita que a relação entre o marketing e as pessoas que ele toca é importante o suficiente para se investir. Eu acho que se você acredita em tudo isso, se você acredita em si mesmo e em seus colegas de trabalho, então eu estou longe de ser rude o suficiente. Nós precisamos nos apressar. Nós precisamos acordar.)

Como Foi o Seu Dia?

São quatro da manhã e eu não consigo dormir. Então me sento no lobby de um hotel na Jamaica, e checo os meus e-mails.

Um casal passa por mim, obviamente a caminho do quarto, tendo levado a ideia de férias um pouco a sério demais. A mulher olha pra mim e, em um sussurro áspero um pouco mais baixo do que um grito, diz para o seu amigo: "Não é triste? Aquele homem vem aqui para passar férias e está preso checando os seus e-mails. Ele não pode sequer curtir umas duas semanas de folga."

Eu acho que a verdadeira pergunta — aquela que eles provavelmente não iriam querer responder — era: "Não é triste que nós tenhamos um emprego onde gastamos duas semanas evitando as coisas que temos que fazer cinquenta semanas por ano?"

Eu levei bastante tempo para descobrir por que eu estava tão feliz por estar checando os meus e-mails no meio da noite. Isso tinha a ver com paixão. Não havia nada além de dormir que eu preferiria estar fazendo naquele momento — porque eu tenho sorte suficiente de ter um trabalho onde eu consigo fazer mudanças acontecerem. Mesmo não tendo muitas pessoas trabalhando pra mim, eu estou em um negócio onde se deve liderar pessoas, levá-las a um lugar onde queremos ir.

Por outro lado, a maioria das pessoas tem empregos (no momento) onde elas lutam contra a mudança, onde elas fazem hora extra para defender o status quo. Isso é exaustivo. Manter um sistema a despeito da mudança irá esmagá-lo.

Pense por um segundo sobre as pessoas que você conhece e que estão engajadas, satisfeitas e ansiosas para trabalhar. A maioria delas, eu aposto, fazem mudanças. Elas desafiam o status quo e movem algo para frente — algo no qual elas acreditam. Elas lideram.

"A vida é muito curta" é repetido o suficiente para ser um clichê, mas desta vez é verdade. Você não tem tempo suficiente para ser infeliz e medíocre. Isso não apenas é absurdo, é doloroso. Ao invés de imaginar quando serão as suas próximas férias, talvez você devesse definir uma vida da qual você não precisasse escapar.

O que é maravilhoso é que esse tipo de vida não é somente mais fácil de estabelecer que nunca antes, como também é mais propensa a torná-lo bem sucedido. E feliz. Então, como foi o seu dia?

O Termômetro e o Termostato

Um termostato é muito mais valioso que um termômetro.

O termômetro revela quando algo não funciona. O termômetro é um indicador, nosso canário na mina de carvão. Os termômetros nos dizem quando estamos gastando demais ou ganhando um lugar no mercado ou não estamos atendendo ao telefone rápido o suficiente. As organizações estão repletas de termômetros humanos. Eles podem criticar ou apontar ou apenas lamentar.

O termostato, por outro lado, consegue mudar o ambiente o sincronizando com o mundo externo. Toda organização precisa ter pelo menos um termostato. Esses são os líderes que querem criar mudança em resposta ao mundo externo, e fazem isso consistentemente com o passar do tempo.

O Seu Micromovimento

Esta é a alma do negócio: todo líder se importa e cuida de um movimento. Um movimento como aquele pela liberdade de expressão em Berkeley ou pela democracia na Praça da Paz Celestial ou pelos direitos civis no Mississippi. Ou talvez um movimento como a obsessão pelo café torrado artesanalmente no Brooklyn ou o acúmulo mundial de pessoas obcecadas por tatuagens.

Hoje você pode ter um movimento estreito, um movimento minúsculo, um movimento em um silo. O seu movimento pode ser conhecido por dez ou vinte ou mil pessoas, pessoas da sua comunidade ou pessoas ao redor do mundo. E muitas vezes, pode até ser as pessoas com as quais ou para as quais você trabalha, ou aquelas que trabalham para você. A internet conecta as pessoas. É o que ela faz. E os movimentos precisam de pessoas conectadas.

O que os profissionais de marketing, os organizadores e as pessoas que se importam estão descobrindo é que eles podem acender um micromovimento e então serem impulsionados pelas pessoas que decidiram segui-lo.

Os elementos chave na criação de um micromovimento consistem em cinco coisas a se fazer e seis princípios:

1. Publique um manifesto.

Distribua-o e faça com que ele se espalhe facilmente. Ele não precisa ser impresso ou escrito à mão. Mas ele é um mantra e um lema e uma forma de se olhar para o mundo. Ele une os membros da sua tribo e dá uma estrutura a eles.

2. Faça com que os seus seguidores se conectem a você facilmente.

Isso poderia ser tão simples quanto visitá-lo ou enviar um e-mail para você ou assisti-lo na televisão. Ou poderia ser tão rico e complexo quanto interagir com você no Facebook ou se juntar a sua rede social no Ning.

3. Faça com que os seus seguidores se conectem facilmente uns aos outros.

Existe aquele breve aceno de cabeça que um cliente assíduo faz para outro cliente quando ambos se reconhecem. Ou a bebida compartilhada no saguão do aeroporto. Ainda melhor é a camaradagem desenvolvida pelos voluntários de uma campanha política ou envolvidos no lançamento de um produto. Grandes líderes descobrem como fazer com que essas interações aconteçam.

4. Perceba que o dinheiro não é o ponto de um movimento.

O dinheiro existe apenas para viabilizá-lo. No momento em que você lucra é quando você atrasa o crescimento do seu movimento.

5. Rastreie o seu progresso.

Faça isso publicamente e crie caminhos para que os seus seguidores contribuam para esse progresso.

Princípios:

1. A transparência é realmente a sua única opção.

Todo tele-evangelista fracassado aprendeu isso do modo mais difícil. As pessoas que o seguem não são estúpidas. Você talvez se envolva em um escândalo ou, o mais provável, fique entediado. As pessoas podem sentir o cheiro de subterfúgio a quilômetros de distância.

2. O seu movimento precisa ser maior que você.

Um autor e seu livro, por exemplo, não constituem um movimento. Mudar o modo como as pessoas entram para a faculdade sim.

3. Movimentos que crescem, prosperam.

A cada dia eles se tornam melhores e mais poderosos. Você vai chegar lá em breve. Não arrisque hoje só porque você está com pressa.

4. Os movimentos se tornam mais claros quando comparados ao status quo ou a movimentos que trabalham para empurrar em uma outra direção.

Os movimentos não se saem tão bem quando comparados com outros movimentos de objetivos similares. Ao invés de derrotá-los, junte-se a eles.

5. Exclua os de fora.

A exclusão é uma força extremamente poderosa para a lealdade e a atenção. Quem *não* é parte do seu movimento é tão importante quanto quem é.

6. Derrubar outros nunca é tão bom para um movimento quanto desenvolver os seus seguidores.

Aquele Prédio Descendo a Rua

Eu acho que é um clube de regatas, ou talvez seja um partido político, ou até mesmo uma sede corporativa. Pode ser um negócio franqueado ou uma ONG local. Tudo o que eu sei é que existe uma tribo fazendo hora extra para manter o status quo.

A congregação aparece toda semana e faz o mesmo ritual da semana anterior, cumprem as mesmas formalidades e nada muda. De fato, nada muda *precisamente* por causa do ritual. A tribo existe, aparentemente, para acabar com a mudança.

A equipe do serviço ao cliente aparece e segue o manual tratando a todos os clientes da mesma forma e não conseguem entender porque estão sendo desrespeitados.

Os voluntários apoiam os filantropos por pura formalidade, mas isso é o que eles sempre fizeram e irão conseguir os mesmos resultados que sempre obtiveram.

Algumas tribos são engajadas na mudança. Muitas não são. E não importa se se trata de uma igreja ou de uma corporação, os sintomas são os mesmos. A religião fica no caminho da fé. A estática fica no caminho do movimento. A regras ficam no caminho do princípio.

As pessoas comparecem porque elas têm que comparecer, não porque querem. O desejo é derrotado pelo medo, e o status quo calcifica, levando a uma morte longa e lenta daquela organização que está parada.

Isso é muito triste de se ver e muito comum.

A liderança é o antídoto, e ela funciona em qualquer prédio se você permitir.

Toda Tribo é um Canal de Comunicação

A revista *TIME* é um canal de comunicação. Assim como a CNN e o Yahoo. A vantagem dos canais de comunicação é que eles podem ser alugados. Envie algum dinheiro e compre algum tempo. O tempo lhe dá olhos ou possivelmente até mesmo atenção. E essa atenção pode levar a vendas.

A Google se deu conta de que cada busca (mais de um bilhão por dia) também é um canal de comunicação. E eles lucram vendendo esses canais um clique de cada vez.

A tribos são diferentes.

As tribos são os canais de comunicação mais efetivos de todos, mas elas não estão à venda nem podem ser alugadas. As tribos não fazem o que você quer; elas fazem o que elas querem. O que explica por quê se juntar e liderar uma tribo é um investimento de marketing tão poderoso.

Como Estar Errado

John Zogby, o bem-sucedido especialista em pesquisas, estava completamente, absolutamente errado a respeito de Al Gore na Flórida. Por dez pontos. E ele estava errado a respeito de John Kerry, e errado a respeito das primárias de New Hampshire em 2008. Mas note que eu disse "bem-sucedido especialista em pesquisas." Se ele não estivesse disposto a estar errado, ele não seria capaz de estar certo por tantas outras vezes.

Isaac Newton estava totalmente, fantasticamente errado sobre a alquimia, a área da ciência na qual ele gastou a maior parte da sua carreira. Ele estava tão errado quanto um cientista pode estar. E ainda assim, ele é amplamente reconhecido como o mais bem-sucedido cientista e matemático de todos.

Steve Jobs estava errado sobre o Apple III, errado sobre a NeXT Computer, e errado sobre o Mac FX. Insanamente errado. Você conhece o resto da história.

O segredo de se estar errado não é evitar estar errado!

O segredo é estar disposto a estar errado.

O segredo é se dar conta de que estar errado não é fatal.

A única coisa que torna pessoas e organizações grandes é a sua disposição de não serem grandes ao longo do caminho. O desejo de falhar a caminho de se alcançar um objetivo maior é o segredo não dito para o sucesso.

Eu estava esperando que você perguntasse pelo atalho, o caminho livre de erros e livre de falhas para levar as pessoas a fazerem o que você quer, para fazer com que a mudança aconteça sem riscos, para alterar magicamente o status quo. Esta, afinal, é a melhor maneira de convencê-lo das ideias deste livro. Se eu pudesse simplesmente lhe dar a resposta, você estaria liderando uma tribo agora mesmo.

A resposta sincera é: não existe um caminho fácil. Não é fácil para gerentes intermediários, ou chefes executivos, ou hereges. A verdade é que eles parecem arriscar tudo, mas de fato, o risco não é assim tão ruim.

O lado ruim é muito pequeno porque poucos de nós estamos propensos a ser queimados na fogueira.

O segredo da liderança é simples: Faça aquilo em que você acredita. Pinte um quadro do futuro. Vá até lá.

As pessoas irão segui-lo.

O Momento de Liderar

É raro saber quando é o momento certo de liderar. É claro, existem momentos quando você sabe que precisa se levantar, tomar uma posição, espalhar uma ideia, tirar um obstáculo do caminho e ser corajoso.

Mas muitas vezes a grande liderança acontece quando a tribo menos espera. Os momentos menos óbvios são aqueles que contam. Como agora, talvez.

A Tribo Reacionária

Até então, estivemos falando sobre as tribos como organizações progressivas, amantes da liderança, de rápida movimentação, e que prosperam com a mudança. E a maioria das tribos, especialmente à medida que crescem, são exatamente assim.

Mas, mais cedo ou mais tarde, as tribos empacam. Vamos falar sobre o Wikipédia mais uma vez. A Wikipédia é uma organização filantrópica gerida por uma junta conservadora e muitos milhares de voluntários dedicados. E a maioria deles não querem que nada mude.

Recentemente, esses voluntários saíram em uma campanha para deletar dezenas de milhares de páginas que não condizem com os padrões da tribo. Ao mesmo tempo, Florence Nibart-Devouard, a presidente do conselho da Wikipédia, está fazendo uma ativa campanha para garantir que ninguém faça doações particularmente altas à fundação. Ela foi citada no *New York Times* ao ter dito que iria "fazer um estardalhaço" se uma pessoa agressiva de fora da fundação tentasse se tornar um membro do conselho.

O que fazer com uma tribo como esta?

Se o seu objetivo é criar mudanças, é besteira tentar mudar a visão de mundo da maioria, se a maioria está focada em manter o status quo. A oportunidade é de esculpir uma nova tribo, de encontrar os encrenqueiros e mudar amantes que estejam buscando por uma nova liderança e acompanhá-los.

Sim, eu não vejo problema em abandonar a tribo grande, estabelecida e empacada. Não há problema em dizer para eles, "vocês não estão me levando onde eu preciso ir, e não há como eu persuadir todos vocês a me seguirem. Então em vez de ficar aqui assistindo as oportunidades desaparecerem, eu estou saindo. Eu aposto que alguns de vocês, os melhores entre vocês, irão me seguir."

Possibilidade de Risco

Eu estava ouvindo um comentarista de uma rádio, e ele estava tagarelando sobre uma tal "probabilidade de risco" relacionada a um certo curso de ação no futuro. As pessoas têm tanto medo do risco que elas sequer conseguem usar essa palavra. O risco, afinal de contas, é uma probabilidade de falha, certo? Então esse homem estava nos alertando a respeito da probabilidade de uma probabilidade. Ele sequer conseguia dizer a palavra.

Tudo é arriscado. Tudo.

De fato, isso não é verdade. A única exceção: é certo que existe um risco. Quanto mais cuidadoso você for com relação aos seus planos para o futuro, mais arriscada a situação se torna. Isso porque o mundo está certamente, definitivamente e mais do que possivelmente mudando.

Quando as Tribos Substituem Aquilo com o que Você Havia se Acostumado

O brilhante capitalista de risco Fred Wilson me fez pensar sobre a que propósito uma firma tradicional (corporação, ONG, igreja, seja lá o que for) serve. Ele cita Ronald Coase, ganhador do Prêmio Nobel de economia:

> Existe um número de custos de transação para se usar o mercado; o custo de obter um bem ou serviço através do mercado é na verdade mais do que apenas o preço do bem. Outros custos, incluindo custos de busca por informação, custos de negociação, manutenção de segredos comerciais, e custo de controle e execução, podem todos ser incorporados ao preço quando se obtém algo de uma firma. Isso sugere que essas firmas irão crescer quando puderem produzir o que precisam internamente e de algum modo evitar esses custos.

Em outras palavras, nós começamos organizações formais quando é mais barato liderar uma tribo. Ter empregados, por exemplo, dá a você uma interação íntima de comunicação e uma saída que costumava ser difícil de se obter através de uma tribo menos formal. Ter soldados, por exemplo, é visto como mais confiável que ganhar a confiança e o apoio de toda a população.

A internet muda isso porque você pode construir uma tribo maior, de maneira mais rápida e mais barata do que você poderia fazer no passado. A nova economia muda isso porque os custos de transação estão caindo rápido enquanto os custos das organizações (escritórios, benefícios e gerenciamento) continuam aumentando.

Muitas organizações de grande porte estão se tornando ainda maiores como uma forma de combater o poder das tribos. Elas compram outras companhias, esperando que a natureza formal da sua grandeza venha de algum modo vencer o poder flexível, rápido e algumas vezes livre da tribo. Eu acho isso improvável.

Iniciativa

Os tímidos deixam um vácuo.

Os trabalhadores da fábrica de balão estão sempre com medo, em particular, com medo de que algo aconteça. Coisas que acontecem são raramente boas, porque elas perturbam o status quo.

Esse é o motivo da iniciativa ser uma ferramenta tão surpreendente: porque ela é rara. Até mesmo um pouquinho de ação, algumas novas ideias ou uma minúscula porção de iniciativa pode preencher o vácuo. É interessante derramar apenas algumas gotas de suco de morango em uma toalha de um branco imaculado. As pessoas irão notar.

Quando Barbara Barry, a hoje famosa designer de móveis, estava procurando por um parceiro de fabricação para a sua primeira linha de sofás, ela convidou executivos de um fabricante de destaque para o seu showroom em Los Angeles.

Antes de fazer isso, ela tomou uma iniciativa.

Primeiro, ela encomendou quantidades do tecido que o fabricante tradicionalmente usava em seus próprios móveis.

Ela alugou um escritório grande o suficiente para ser usado como showroom.

Ela criou uma linha de móveis arrojados, de tirar o fôlego, e então pediu uma loja local que construísse peça por peça, estofada em tecido com a marca da empresa.

Quando os executivos chegaram, esperando por um discurso de vendas e alguns desenhos, eles viram sofás completamente prontos. Fabricados com os seus materiais e com o logotipo da empresa costurado neles. Depois de pronto, é fácil dizer que isso não foi lá grande coisa — alguns milhares de dólares gastos em móveis customizados. Mas naquele momento, para a indústria, isso foi mais que suficiente. Isso mudou as regras.

Barbara não estava gerenciando a sua carreira ou pedindo a permissão dos executivos. Ela estava liderando, e aproveitando cada momento disso.

As organizações que mais precisam de inovação são aquelas que mais evitam que essa inovação aconteça. Isso é meio que um paradoxo, mas depois que você percebe isso, você vê que se trata de uma tremenda oportunidade.

Empacado no Estúpido

Meu colega Gil gostava de citar o Tenente General das Forças Armadas dos EUA, Russel Honoré, destacando que muitas pessoas ficam "empacadas no estúpido."

Eu imagino que os seus colegas não sejam estúpidos. Mas quando o mundo muda, as regras mudam. E se você insistir em jogar o jogo de hoje pelas regras do ontem, você estará empacado. Empacado com uma estratégia estúpida. Porque o mundo mudou.

Algumas organizações estão empacadas. Outras se movem rapidamente. Em um mundo em constante mudança, quem está se divertindo mais?

Mark Rovner, Herege Filantropo

Mark tem mudado o status quo do mundo da filantropia por anos. Ele tem tido muito sucesso nisso e está se divertindo bastante.

Aqui está um exemplo do tipo de problema que os líderes precisam causar. Mark começou um debate on-line a respeito do futuro do levantamento de fundos por mala direta. Esse fluxo de renda é a força vital da maioria das organizações filantrópicas, e está secando.

A internet, é claro, deveria ser a solução para todos os problemas, mas como Mark aponta, ela não é.

> A era da mala direta barata e das altas taxas de resposta em aquisição acabou. A economia da mala direta está acabando. Esse é um fato quase que inquestionável. Custa mais para enviar correspondências, e menos doadores voltam com cada uma delas. Essa tendência tem sido mascarada de algum modo por uma média de presentes mais alta dos doadores que você já tem, mas mais cedo ou mais tarde, a crise na aquisição irá afetar os resultados. Para alguns, isso já aconteceu. O que atualmente passa por um modelo de levantamento de fundos online é na melhor das hipóteses um paliativo.

Minha opinião: eu me desespero com relação às top cinquenta organizações sem fins lucrativos dos Estados Unidos. Esses são os caras grandes, e eles estão empacados. Muito além do Fortune 100, não conhecido por aparar as próprias arestas, as maiores organizações de caridades raramente mudam. Se você é grande, você está acostumado a ser grande e espera continuar sendo grande. Isso significa que geração após geração de equipe tem sido contratada para continuar fazendo o que está dando certo. Grandes riscos e esquemas malucos são certamente reprovados.

A boa notícia é essa: a internet não é uma substituição para o levantamento de fundos por mala direta. Isto é, de fato, algo muito maior que isso para toda organização filantrópica.

Assim que o comércio começou pela internet, muitas dessas organizações geraram bastante lucro através dos seus sites. Isso foi erroneamente registrado como transformação brilhante e marketing inteligente. Na verdade, esse foi o resultado de doadores tecnologicamente avançados usando um método mais conveniente para enviar um dinheiro que eles enviariam de qualquer forma.

A grande vitória está na mudança da completa natureza do que significa apoiar uma instituição de caridade. A ideia de "eu doei no escritório" e dar dinheiro na última semana de dezembro tem a ver com obrigação. Muitas pessoas doam para satisfazer um sentimento de culpa ou para agradar um amigo. Isso não conta. Nem um pouco. É muito fácil ignorar uma solicitação por mala direta quando tudo o que você tem que fazer é pressionar Delete e ninguém vai perceber.

A grande vitória é transformar doadores em patronos, ativistas e participantes. Os maiores doadores são aqueles que não apenas dão, mas que também fazem o trabalho. Aqueles que fazem a sopa ou alimentam os famintos ou penduram o quadro. Minha mãe foi uma voluntária por anos na Galeria de Arte Albright-Knox em Buffalo, Nova York, e não há dúvidas de que nós demos mais dinheiro para o museu do que teríamos dado se eles tivessem nos enviado um folheto uma vez ao mês.

A internet permite que algumas organizações adotem envolvimentos de longa distância. Isso permite que as organizações de caridade virem o funil, não através apenas de um simples movimento das mãos mas por reorganizar a ideia do engajamento online. Esta é a nova alavancagem. Isso significa se abrir para voluntários e encorajá-los a se juntar à rede, se conectarem uns aos outros e, sim, até mesmo criarem um motim. Isso significa dar a cada um de seus profissionais um blog e a liberdade para usá-lo. Isso significa se misturar aos voluntários de modo que eles possam ter algo verdadeiramente em jogo. Isso é compreensivelmente assustador para muitas organizações filantrópicas, mas eu não sei se você tem uma escolha. Você precisa abandonar os antigos métodos hoje? É claro que não. Mas uma administração responsável exige que você encontre e dê poder aos hereges dando a eles a flexibilidade para construir algo novo, ao invés de tentar forçar a internet a agir como mala direta gratuita.

A Postura de um Líder

Se você ouve a minha ideia mas não acredita nela, a culpa não é sua, é minha.

Se você vê o meu novo produto mas não o compra, o fracasso é meu, não seu.

Se você assiste a minha apresentação e fica entediado, a culpa é minha também.

Se eu fracasso em persuadir você a implementar uma nova política que apoie a minha tribo, isso é devido a minha falta de paixão ou habilidade, não a sua limitação.

Se você é um estudante na minha classe e não aprende o que estou ensinando, eu o decepcionei.

É realmente muito fácil insistir para que as pessoas leiam o manual. É realmente muito fácil culpar o usuário/estudante/prospecto/cliente por não tentar mais, por ser estúpido demais para entender, ou por não se importar o suficiente para prestar atenção. Pode até ser tentador culpar aqueles que não estão se esforçando tanto em seguir como você está em liderar. Mas nada disso ajuda. O que ajuda é se dar conta de que você tem uma escolha quando você comunica. Você pode criar os seus produtos para serem fáceis de usar. Você pode escrever de modo que o seu público o ouça. Você pode se apresentar em um local e de uma forma que garanta que as pessoas pelas quais você deseja ser ouvido, o ouçam. Acima de tudo, você deve escolher quem irá entender (e quem não irá).

Mudando de Tribos

À medida que a tribo cresce, é tentador acelerar aquele crescimento, encontrar mais pessoas para se juntar à tribo.

Os prospectos mais óbvios, é claro, já são membros da sua tribo. Se você puder persuadir aquele fã incondicional de futebol a mudar para futebol americano, isso é um golpe. Ou considere o anúncio de página inteira no *New York Times* pago por centenas de evangélicos, encorajando judeus religiosos a se converterem. E lá vai um político, cortejando avidamente os partidários do outro lado para que se juntem ao seu time.

Isso raramente funciona.

As pessoas não gostam de mudar. Nós podemos nos juntar ansiosos à uma empresa, trabalhar duro por anos, e ficar até que o lugar finalmente declare falência. Não, esta não é a mesma companhia a que nos juntamos no início, longe disso, mas mudar de lado é admitir que cometemos um erro.

O crescimento não vem de persuadir os membros mais leais das outras tribos a se juntarem a você. Eles serão os últimos a chegar. Em vez disso, você encontrará um solo mais fértil entre aqueles que buscam, entre as pessoas que desejam o sentimento obtido ao se fazer parte de uma tribo vibrante e crescente, mas que ainda estão procurando.

Eu não estou falando de pessoas descontentes vindas de fora, solitários que trabalham duro para não se afiliarem. Eu estou falando de pessoas na margem, indivíduos que talvez pulem de uma coisa à outra com menos ansiedade.

Se você está tentando persuadir a tribo no trabalho a mudar de uma estratégia para outra, não comece com o líder da oposição. Em vez disso, comece com os indivíduos apaixonados que não tenham sido abraçados pelas outras tribos ainda. À medida que você acrescenta mais e mais pessoas como essas, a sua opção se torna mais segura e mais poderosa — *então* você verá os outros se juntarem a você.

Agora não, Ainda Não

O maior inimigo da mudança e da liderança não é um "não." É o "ainda não." O "ainda não" é o modo mais seguro e mais fácil de impedir a mudança. O "ainda não" dá ao status quo a chance de se reagrupar e adiar o inevitável por mais um tempo.

A mudança quase nunca falha por ser cedo demais. Ela quase sempre falha por ser tarde demais.

A curva abaixo mostra os benefícios de praticamente qualquer inovação com o passar do tempo:

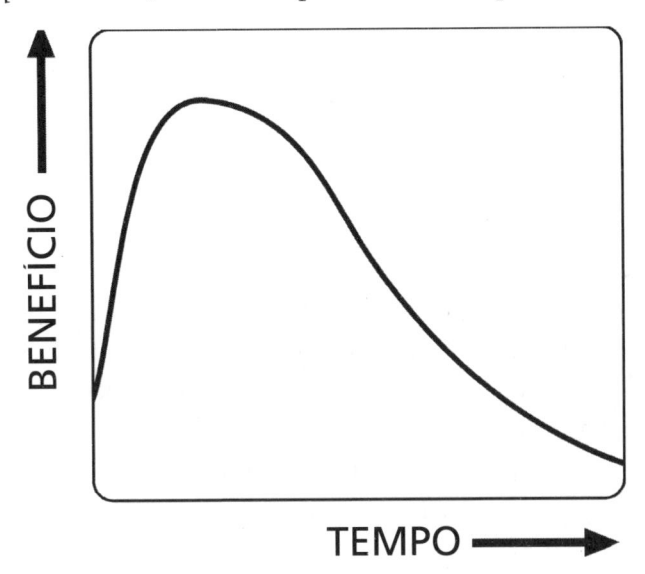

[Gráfico: eixo vertical "BENEFÍCIO", eixo horizontal "TEMPO", mostrando uma curva que sobe rapidamente, atinge um pico e depois decai gradualmente.]

Quando você se dá conta de que o seu canto do mundo está pronto para uma inovação, certamente já é tarde demais. Definitivamente não é cedo demais.

"Não é a hora," "Vai devagar," "Espere e veja," "É a vez de outra pessoa" — nenhum desses pretextos são apropriados para um líder em busca de mudança. Existe um pequeno preço por ser cedo demais, mas uma pena enorme por ser tarde demais. Quanto mais você esperar para lançar uma inovação, menos valor terá o seu esforço.

Entendendo o Truque

O mágico e ensaísta Jamy Ian Swiss escreveu sobre a criança irritante e limitada que grita com o mágico enquanto ele se apresenta, "eu sei fazer esse truque!"

Realmente importa que você saiba?

O mundo está repleto de livros e manuais sobre como fazer aquele truque, seja lá qual for ele. O truque da liderança tem sido infindavelmente revelado. Então se é tão fácil descobrir como fazer o truque, por que tão poucas pessoas o fazem? Se é tão fácil descobrir como fazer o Teleporte de Ases ou o French Drop, por que tão poucas pessoas são incríveis?

Porque, é claro, isso não tem nada a ver com saber como o truque é feito, e tudo a ver com a arte de se fazer isso. As táticas de liderança são fáceis. A arte é a parte difícil. Adam Gopnik cita Swiss ao dizer, "A mágica apenas acontece na mente de um expectador. Tudo além disso é distração... Os métodos são uma distração. Você não pode adentrar o mundo da mágica até que você deixe tudo de lado e para trás — incluindo o seus próprios desejos e necessidades — e focar em levar alguma experiência para o público. Isso é mágica. Nada além disso."

Substitua "liderança" por "mágica" e aí está.

A liderança é uma arte, uma que é realizada apenas por pessoas de generosidade autêntica e uma conexão visceral com a sua tribo. Aprender o truque não lhe trará nenhum benefício se você não houver se comprometido primeiro.

A Revolução Não Será Televisionada

Parece que é raro vermos a liderança em ação. Nós costumamos notá-la depois do fato ou depois dela ter ganhado força. Isto porque ela começa onde menos esperamos.

No setor da indústria, o líder de mercado não é aquele que desenvolve a inovação que a vira de cabeça para baixo. No setor industrial, a real liderança raramente vem do chefe executivo ou do vice-presidente. Em vez disso, isso acontece fora do alcance dos seus olhos, em um lugar onde você não está olhando.

Criticar a Esperança é Fácil

E no fim, o cinismo é uma péssima estratégia.

Esperança sem uma estratégia não gera liderança. A liderança vem quando a sua esperança e o seu otimismo são combinados com uma visão concreta do futuro e um caminho para se chegar lá. As pessoas não o seguem se não acreditarem que você pode chegar onde você diz que está indo.

Os gerentes são os cínicos da história. Eles são pessimistas porque viram isso antes e acreditam já terem feito isso como poderia ser feito. Líderes, por outro lado, têm pessoas. Sem isso, não há futuro pelo qual trabalhar.

A Violinista Nua

Tasmin Little é uma prodígio do violino que conseguiu manter a sua carreira depois de muitos outros terem desaparecido. Sendo uma das grandes violinistas da atualidade, ela tem feito tours, tem seus próprios agentes e um contrato de gravação.

O seu mais novo trabalho, no entanto, é gratuito. Está na internet em http://www.tasminlittle.org.uk (conteúdo em inglês) onde você consegue ouvi-lo na íntegra, além de comentários e notas, de graça.

Tasmim está liderando um movimento. Ela está investindo tempo e energia em um esforço engajado e consistente para espalhar a música clássica. Ela não apenas faz o upload de um arquivo em MP3. Ela se apresenta regularmente em prisões, cidades pequenas e escolas. Ela acrescenta valor ao seu site além da música. Ela não é uma diletante, ela é uma líder.

Eu não tenho dúvidas de que a sua ideia original era encontrar resistência e até mesmo desprezo. Muitas vacas sagradas, muito status no status quo. Mesmo que ela persistisse, os seus esforços iniciais não estavam propensos a encontrar notoriedade mundial, com publicidade em todo o mundo e muitos aplausos. Apenas o seu foco, ímpeto e comprometimento fizeram com que isso desse certo.

Escrevendo Canções Que se Espalham

Minha amiga Jacqueline conta a história de como a Unicef gastou uma fortuna criando pôsteres para promover a ideia da vacinação infantil entre as mães de Ruanda. "Os pôsteres eram lindos — fotos de mulheres e crianças com mensagens simples escritas em kinyarwanda (o dialeto local), a respeito da importância de se vacinar todas as crianças. Eles eram perfeitos, exceto pelo fato de que com a taxa de analfabetismo feminino sendo superior a 70 por cento, palavras escritas em perfeito kinyarwanda fariam pouca diferença."

Jacqueline percebeu que a forma como as mensagens se espalhavam em Ruanda era por meio da música. Um grupo de mulheres cantaria então uma canção para outras mulheres, como presente e como uma forma de espalhar ideias. Sem música, sem mensagem.

Sua tribo se comunica. Eles provavelmente não fazem isso tão eficientemente como você talvez gostaria, mas eles se comunicam. O desafio para o líder é ajudar a sua tribo a cantar, qualquer que seja a forma que a canção venha a tomar.

O Prêmio X

Peter Diamandis queria energizar a tribo de inventores, financiadores e exploradores que talvez buscassem novas soluções para a viagem ao espaço. Em vez de seguir cegamente o limitado protocolo que a NASA fornecia, ele decidiu oferecer o Prêmio X, um prêmio de $10 milhões para a primeira equipe que conseguisse lançar um foguete a cem quilômetros no espaço com sucesso, duas vezes em duas semanas.

O time vencedor gastou mais de $20 milhões para conseguir o prêmio. No geral, um simples ato de liderança gerou um investimento das muitas equipes que competiram que foi dez vezes maior que o valor do prêmio. Mas o mais importante foi que isso gerou um campo novo, com novos participantes e um novo tipo de comunidade.

Peter me disse que quando ele mencionou a ideia pela primeira vez, todos a acharam estúpida. Ele não teve apoio imediato, ninguém aplaudindo ou ávido para ser o primeiro a se inscrever. Foi a sua liderança e o seu comprometimento que fez com que isso acontecesse, não a ideia por si só (que não era nada além de uma atualização do prêmio que Lindbergh venceu mais de meio século antes). A ideia não era o ponto. Organizar a tribo era.

Quem se Importa?

A atenção é a emoção chave no centro da tribo. Os membros da tribo se importam com o que acontece, com os seus objetivos e uns com os outros. Muitas organizações são incapazes de responder a pergunta "Quem se importa?" porque na verdade, ninguém se importa. Ninguém se importa realmente se o menu muda ou se a porcentagem de entrada do levantamento de fundos usados para as despesas gerais muda. Ninguém se importa realmente se a cor do widget mudou ou se a tripulação do voo não é a mesma.

Se ninguém se importa, então você não tem uma tribo. Se você não se importa — realmente e profundamente — então você não pode liderar.

Os Elementos da Liderança

Os líderes mudam o status quo.

Os líderes criam uma cultura ao redor dos seus objetivos e envolvem outros nessa cultura.

Os líderes possuem uma quantidade extraordinária de curiosidade a respeito do mundo que eles estão tentando mudar.

Os líderes usam o carisma (de muitas formas) para atrair e motivar os seguidores.

Os líderes comunicam a sua visão do futuro. Líderes se comprometem com uma visão e tomam decisões baseadas nesse comprometimento.

Os líderes conectam os seus seguidores uns aos outros.

Desculpe pela repetição, mas foi a forma como isso deu certo.

Se você considerar os líderes em sua organização ou na sua comunidade, você vai ver que cada um deles usa uma combinação desses sete elementos. Você não precisa estar à frente ou ser poderoso, bonito ou conectado para ser um líder. Você precisa sim, estar comprometido.

Entendendo o Carisma

Pense a respeito dos líderes carismáticos que você já encontrou. Eles talvez fossem jovens ou velhos, ricos ou pobres, negros ou brancos, homens ou mulheres, extrovertidos ou tímidos. De fato, a única coisa que eles parecem ter em comum é o fato de serem líderes.

Eu acredito que a maioria das pessoas entende isso errado. Ser carismático não o torna um líder. Ser um líder o torna carismático.

Existem líderes com problemas na fala ou com medo de falar em público. Líderes muito embaixo na escada corporativa e líderes sem dinheiro algum ou sem quaisquer símbolos evidentes de poder. Existem líderes feios também, então o carisma não tem a ver com ser atraente.

É fácil ceder diante do medo e dizer a si mesmo que você não tem o necessário para ser um líder. Na maioria das vezes, as pessoas desistem quando chegam ao item carisma do checklist. "Eu não nasci carismático, não como os outros caras, então eu acho que vou apenas me contentar em seguir."

O erro nesse raciocínio é que esses outros caras também não nasceram carismáticos. Isso é uma escolha, não um dom.

O Segredo de Ronald Reagan

O que a maioria das pessoas querem em um líder é algo muito difícil de encontrar: nós queremos alguém que escute.

Por que é tão difícil encontrar uma líder que escute?

Porque é fácil confundir ouvir indivíduos com "ir com a multidão" ou "seguir as eleições." É fácil para um líder com uma visão desistir de ouvir porque, afinal, a maioria das pessoas querem que você seja comum, e isso não o leva a lugar algum. Se Henry Ford tivesse ouvido os velhos ditados, hoje teríamos chicotes melhores para cavalos, em vez de carros.

O segredo, o segredo de Reagan, é ouvir, valorizar o que você ouve, e então tomar uma decisão mesmo que isso contradiga as mesmas pessoas as quais você está ouvindo. Reagan impressionou os seus conselheiros, adversários e os seus eleitores por ouvir ativamente. As pessoas querem ter certeza de que você ouviu o que elas disseram — elas estão menos focadas se você *faz* ou não o que elas disseram.

Quando Graham Weston, presidente executivo da Rackspace quis persuadir sua talentosa, mas de certo modo inconsistente equipe a se mover com ele para as novas sedes em uma área desfavorecida da cidade, ele não os deu um sermão ou tentou obrigá-los. Tudo o que ele fez foi ouvir. Ele se encontrou com cada um dos empregados que estavam hesitantes em se mudar e permitiu que eles expusessem o seu ponto de vista. Isso é o que foi preciso para liderá-los: ele os ouviu.

Ouça, ouça de verdade. Então tome sua decisão e siga em frente.

As Forças da Mediocridade

Talvez devesse ser "as forças *para* a mediocridade."

Existe um mito de que tudo o que você precisa fazer é expôr a sua visão e provar que ela está certa — então logo em seguida, as pessoas irão se alinhar e apoiá-lo.

De fato, o oposto é verdade. Visões extraordinárias e genuínas sempre encontram resistência. E quando você começa a fazer progresso, os seus esforços encontram ainda mais resistência. Produtos, serviços, planos de carreira — o que quer que seja, as forças da mediocridade irão se alinhar para pará-lo, não perdoando nenhum erro e nunca desistindo até o fim.

Se não fosse assim, seria fácil. E se não fosse assim, todo mundo estaria liderando e o seu trabalho perderia o valor. O yin e yang são claros: se não houver ninguém indo contra a sua busca por fazer algo de que valha a pena se falar, é bem provável que a sua jornada não valha a pena. Persista.

Como Vender Um Livro (ou Qualquer Nova Ideia)

Meu amigo Fred está lançando um novo livro e estava procurando por ideias de marketing. Eu acho que ele ficaria surpreso com esta: Venda *um*.

Encontre uma pessoa que confie em você e venda uma cópia a ela. Ela ama o seu livro? Está animada com ele? Animada o suficiente para contar a dez amigos, porque isso irá ajudá-los, não porque isso é bom para você?

As tribos crescem quando pessoas recrutam outras pessoas. É assim que as ideias se espalham também. A tribo dá isso a você, é claro. Eles fazem uns pelos outros. A liderança é a arte de dar às pessoas uma plataforma para que possam espalhar ideias que dão certo. Se o livro de Fred se espalha, então ele está a caminho de um grande começo. Se não, ele precisa de um novo livro ou de uma plataforma melhor.

O Difícil Acabou de Ficar Fácil

...e vice versa.

Costumava ser muito difícil arar o campo, muito difícil encontrar o aço necessário para construir um carro, e muito difícil enviar um pacote de Nova York para Cleveland em tempo hábil por um preço razoável.

Costumava ser muito difícil fundar uma nova companhia e muito difícil conseguir um espaço na prateleira de modo que os consumidores pudessem encontrar o seu produto. Costumava ser muito difícil dirigir uma fábrica.

Essas coisas são fáceis agora. Elas talvez custem mais do que gostaríamos, mas você pode colocá-las em um checklist e elas serão feitas.

O difícil hoje é quebrar as regras. O difícil hoje é encontrar a fé necessária para se tornar um herege, para buscar uma inovação e então, frente a enormes quantias de resistência, liderar uma equipe e empurrar a inovação porta afora.

As pessoas de sucesso são aquelas que são boas nisso.

Quando a Filarmônica de Los Angeles, uma das mais prestigiadas do mundo, saiu à procura de um novo maestro, eles talvez tenham selecionado mil indivíduos qualificados. Pessoas de prestígio internacional que estavam sendo testadas e provadas a desempenhar o papel de reger uma orquestra da forma tradicional.

Eles contrataram Gustavo Dudamel.

Ele era, então, uma sensação de vinte e seis anos da Venezuela cujo currículo não se comparava aos dos seus colegas mais velhos. Ele não tem habilidades comprovadas em fazer o trabalho duro de ontem. A filarmônica de Los Angeles se deu conta de que eles sempre poderiam encontrar alguém para fazer esse trabalho. O que eles precisavam era de um líder que levasse a organização para uma nova audiência e de uma maneira nova.

Pare por um segundo e considere as implicações dessa decisão. De mil maestros qualificados (que entendiam o status quo), a filarmônica escolheu um novato que desejava desafiá-lo. Os hereges descobrem esse tipo de sucesso o tempo todo.

O Que Você Preferiria: Julgamento ou Erro?

É um mito que a mudança aconteça da noite para o dia, que as respostas certas prosperam no mercado na mesma hora, ou que grandes ideias aconteçam num piscar de olhos.

Não é bem assim. Trata-se sempre (quase sempre, de qualquer modo) de acréscimo. Goteja, goteja, goteja. As melhoras acontecem aos poucos, não da noite para o dia como muitos imaginam.

Quatro milhões de iPhones mais tarde (o que é mais de um bilhão de dólares em menos de um ano), é fácil esquecer que a erudita Laura Reis disse que o telefone da Apple nunca iria dar certo. Visa e MasterCard eram ideias enormes que levaram anos para se concretizarem. Até mesmo pequenas coisas, como aquele restaurante com uma fila do lado de fora, não eram assim quando abriu.

Se a sua organização exige sucesso antes de comprometimento, ela nunca terá nenhum dos dois.

Parte da liderança (uma grande parte dela, na verdade) é a habilidade de permanecer firme em um sonho por muito tempo. Tempo suficiente para que os críticos se deem conta de que você vai chegar lá de um jeito ou de outro... então eles seguem.

Desvio Positivo

Como você gerencia os líderes?

Dado que estes líderes podem aparecer em qualquer lugar de uma organização, para mim parece que o trabalho de gerenciamento sênior é encontrá-los e apoiá-los. Os líderes têm sua própria tribo, e alguém precisa liderar essas tribos.

O que leva à ideia do desvio positivo.

Como regra geral, os gerentes não gostam de desviados. Por definição, o desvio dos padrões estabelecidos é um fracasso para um gerente que está trabalhando para manter tudo dentro das especificações. Então na maioria das vezes, a maior parte dos gerentes trabalha duro para erradicar o desvio (e os desviados que o criam).

Os gerentes erradicam os desviados. Isso é o que eles fazem.

Os líderes entendem um cálculo diferente. Os líderes entendem que a mudança é não apenas onipresente, como também é a chave para o sucesso.

E acontece que os empregados que estão comprometidos com a mudança e engajados em fazer com que as coisas aconteçam, são mais felizes e mais produtivos.

Colocando esses dois fatos juntos, não é difícil chegar à conclusão de que você precisa desesperadamente de mais líderes, mais desviados — mais agentes de mudança, não menos.

Grandes líderes aceitam os desviados, procurando por eles e os flagrando fazendo algo certo.

Esse é o trabalho da vida de Jerry Sternin.

Sternin foi ao Vietnã para tentar ajudar crianças famintas. Em vez de importar técnicas que ele sabia que iriam funcionar, ou técnicas externas que com certeza fariam alguma diferença, ele procurou pelas poucas famílias que não estavam passando fome, as poucas mães que estavam não apenas superando o problema como estavam prosperando. E então ele deu voz a essas mães para que elas pudessem compartilhar as suas visões com o resto do grupo.

Isso pode parecer óbvio, mas é herético. A ideia de que um funcionário da ajuda humanitária iria para uma vila com problemas e não tentaria erradicar um comportamento fora dos padrões é maluquice.

"O modelo tradicional para a mudança social e organizacional não funciona," disse ele à *Fast Company*. "Nunca funcionou. Você pode trazer soluções permanentes de fora."

Alavancando o trabalho de Marian Zeitlin, Sternin e sua esposa Monique levaram essa perspectiva ao mundo, de países em desenvolvimento para hospitais em Connecticut.

Vez após outra, os Sternins têm descoberto um processo simples: encontrar líderes (os hereges que estão fazendo as coisas de modo diferente e fazendo mudanças), e então amplificam o seu trabalho, os dá uma plataforma e os ajuda a encontrar seguidores — e as coisas melhoram. Elas sempre melhoram.

Eu espero que isso não seja tão simples a ponto de ser ignorado, porque isso é importante. Esta é uma ideia efetiva que salva a vida de crianças todos os dias. Tudo o que os Sternins fizeram foi encontrar uma mãe que tivesse filhos saudáveis. E então eles ajudaram os outros na vila a enxergar o que eles estavam fazendo. Eles deram àquela mãe um holofote, a encorajando a manter o que estava fazendo e mais importante, encorajando os outros a seguirem a sua liderança.

É simples, mas funciona. Esta talvez seja a ideia prática mais importante de todo esse livro.

A Obrigação

Não muito longe de nós, a alguns quarteirões de distância, existem crianças que não têm o que comer e nem pais que cuidem delas. Um pouco mais distante, a horas de avião, estão pessoas incapazes de alcançar os seus objetivos porque eles vivem em uma comunidade onde a infraestrutura não os apoia. Ainda um pouco mais distante estão pessoas sendo brutalmente perseguidas por seus governos. E o mundo está cheio de pessoas que não podem ir à escola, faculdade está fora de questão e que certamente não passarão o seu tempo pensando se terão ou não espaço para estacionar quando chegarem ao trabalho.

E assim, a obrigação: não se acomodar.

Ter todas essas vantagens, toda essa dinâmica, todas essas oportunidades e então se acomodar com o medíocre, e então defender o status quo, e então se preocupar com políticas corporativas — que desperdício.

Flynn Berry escreveu que você nunca deve usar a palavra "oportunidade." Isso porque não se trata de oportunidade e sim de obrigação.

Eu não penso que tenhamos uma escolha, eu acho que temos a obrigação de mudar as regras, superar as expectativas, jogar um jogo diferente, e então jogar melhor que qualquer um que tenha o direito de acreditar que isso é possível.

Onde o Crédito é Devido

As pessoas sempre me perguntam a respeito do crédito. Elas querem saber como ter certeza de que receberão crédito por uma ideia, especialmente se elas têm um chefe que deseja roubá-la. Ou querem saber como me dar crédito por uma ideia em um livro ou em um post em um blog.

Líderes de verdade não se importam.

Se isso for a respeito da sua missão, a respeito de espalhar a fé, a respeito de ver algo acontecendo, você não apenas não se importa em obter crédito, você realmente *deseja* que outra pessoa fique com ele.

Se você quer programar o seu site com uma ferramenta de ponta chamada Ruby on Rails, fique à vontade. O software é gratuito. E você não precisa dar crédito aos rapazes da 37 Signals que o desenvolveram. Você pode simplesmente usá-lo.

Está tudo bem para eles, porque eles não estão tentando conseguir crédito ou ganhar a vida através da linguagem de programação. Pessoas suficientes sabem que eles foram os responsáveis pelo trabalho; pessoas suficientes os procuram e os respeitam por isso. Quanto mais a linguagem se espalhar, mais longe o movimento que eles começaram irá chegar. E esse é o verdadeiro objetivo.

Não há registros de Martin Luther King ou Gandhi reclamando sobre crédito. O crédito não é o ponto. A mudança é.

O Grande Sim

Rene Hromek me escreveu falando sobre o GRANDE SIM. (As letras maiúsculas são parte da mensagem.) Vamos contrastar o GRANDE SIM com o "pequeno não."

O pequeno não é fácil de achar e difícil de evitar. O pequeno não causa uma sensação de segurança. É como esmagar um mosquito. O pequeno não evita a distração, mantém você longe de um possível transtorno. Existem toneladas de pequenos nãos para onde quer que olhemos.

O GRANDE SIM, por outro lado, tem a ver com liderança e risco aparente. Sobretudo, tem a ver com alavancagem. Hoje, mais do que nunca, o GRANDE SIM está disponível para qualquer pessoa que tenha sorte o suficiente para assumi-lo.

Imaginação

Albert Einstein disse, "A imaginação é mais importante que o conhecimento." Os líderes criam coisas que não existiam antes. Eles fazem isso ao dar à tribo uma visão de algo que poderia acontecer, mas não aconteceu (ainda).

Você não pode gerenciar sem conhecimento. Você não pode liderar sem imaginação.

Proteção Feroz

Quando Matt Groening estava fazendo *Os Simpsons: O Filme*, os cabeças do estúdio insistiram incansavelmente para que ele incluísse propagandas pagas na produção — mais do que já havia sido colocado em qualquer filme anterior. Os executivos explicaram que enquanto o merchandising extremo do produto seria insanamente lucrativo, isso seria visto pelo público como uma piada. A audiência aparentemente iria achar extremamente engraçado que o estúdio tivesse lucrado aglomerando tantos anúncios quanto possível.

Se Matt não tivesse resistido e se mantido firme, o filme estaria arruinado. O compromisso pode acelerar um projeto, mas o compromisso também pode matá-lo.

Crença

As pessoas não acreditam no que você diz a elas.

Elas raramente acreditam naquilo que você as mostra.

Elas muitas vezes acreditam no que os amigos as dizem.

Elas sempre acreditam no elas dizem para si mesmas.

O que os líderes fazem: eles dão às pessoas histórias que elas mesmas possam contar, histórias sobre o futuro e sobre a mudança.

Por Que Não Você, Por Que Não Agora?

As barreiras para a liderança caíram. Existem tribos por toda a parte, muitas delas em busca de líderes. O que cria um dilema para você: sem uma barreira, por que não começar?

Um exemplo simples: há dez anos atrás, se você queria publicar um livro, você precisava encontrar uma editora que dissesse sim. Sem editora, sem livro.

Hoje, é claro, você pode publicar um livro completamente sozinho. Visite Lulu.com (conteúdo em inglês) e pronto.

Sem alguém para dizer sim, tudo o que resta são escritores não publicados que dizem não para si mesmos.

A liderança agora é assim. Ninguém lhe dá permissão ou aprovação para liderar. Você pode simplesmente fazer. O único que pode dizer não é você mesmo.

Vamos continuar por um minuto, então, e pensar a respeito do quando.

Você tem o que precisa para liderar? Você precisa de mais poder, educação ou dinheiro? Quando você terá o suficiente daquilo que você precisa para começar a liderar uma tribo?

Se alguém der a você duas semanas para fazer aquele discurso ou escrever aquele manifesto ou tomar aquela decisão, seria o suficiente para você? Se duas semanas não fossem suficientes, quatro semanas seriam? Ou doze, ou mil?

De acordo com a minha experiência, líderes não precisam esperar. Não existe correlação entre dinheiro, poder, ou educação e liderança de sucesso. Nenhuma. John McCain foi o quinto da sua turma (de baixo para cima) na Academia Naval dos Estados Unidos. Howard Schultz vendia utensílios de cozinha e acabou em uma cadeia de três lojas de café subfinanciadas antes de transformá-la na Starbucks. Ghandi era um advogado na África do Sul. Esperar não compensa. O que compensa é dizer sim.

A Falácia Perfeita

A qualidade não é apenas desnecessária como para muitos itens ela também é indesejada.

Se nós definirmos a qualidade como o alcance regular das especificações medidas para cada item, então a qualidade conta muito para algo como um marca-passo. Ela não conta nem um pouco para um vestido de alta costura de $3 mil.

Mais na moda = menos necessidade de qualidade.

O perfeito é uma ilusão, uma ilusão criada para manter o status quo. O truque do Seis Sigma tem muito a ver com se esconder da mudança, porque a mudança nunca é perfeita. Mudança significa reinvenção e, até que algo seja reinventado, nós não temos ideia de qual seja a especificação.

Yahoo e o Memorando de Manteiga de Amendoim

Brad Garlinghouse provavelmente salvou o Yahoo (por enquanto, ao menos). De qualquer forma, ele encontrou sua tribo.

Em 2006, Brad agiu como um herege. Ele escreveu um memorando para os seus chefes do Yahoo, resumindo o que ele havia visto de falhas na estratégia da companhia, subvertendo a religião da companhia e descrevendo uma visão para o futuro. O propósito do memorando era incitar uma pequena tribo, o grupo que administrava a companhia com ele.

O memorando vazou.

Ele foi publicado no *Wall Street Journal* e reproduzido pela internet. De repente, Brad não era apenas um pouco conhecido, mas um importante gerente sênior do Yahoo. Ele era o pesadelo de todo aspirante a herege. Ele estava com problemas.

Os rapazes na fábrica de balão sustentaram momentos como esse como avisos para o unicórnio. "Tome cuidado," eles dizem, "ou você vai se meter em encrenca."

O fato é que o memorando de Brad desencadeou uma corrente de eventos que levaram à saída do chefe executivo Terry Semel e à grandes mudanças no Yahoo. Isso levou também a um emprego ainda mais importante para Brad.

O Que Você Tem a Perder?

Brad não fez com que o memorando vazasse, mas ele teve sim a extrema determinação de compartilhar uma avaliação completamente honesta com os seus chefes. Se Brad tivesse sido demitido, haveriam dúzias de outras companhias (sim, eu estou disposto a dizer *melhores*) que iriam dar a ele a oportunidade de trabalhar com eles. O pior que poderia acontecer é ele acabar com um emprego melhor. Se o memorando tivesse funcionado (que foi o que aconteceu), ele teria tido um lugar melhor para trabalhar e teria feito a coisa certa, não apenas para os acionistas mas para a sua carreira.

Depois de ganhar credibilidade, pagar os seus débitos, fazer o seu trabalho e ganhar confiança, Brad não tinha absolutamente nada a perder por ter escrito um memorando. Foi difícil, sem dúvida, mas valeu a pena.

O que você está esperando?

Estudo de Caso: Sem Assassinato

Nathan Winograd não tem autoridade, ele não está a cargo de nada, e não pode fazer com que as pessoas façam o que ele quer.

E ainda assim, abrigo a abrigo, cidade a cidade, Nathan está mudando a forma como milhões de cães e gatos são tratados. Não por decreto ou pela legislação, mas por liderar uma tribo.

Todo ano, cerca de cinco milhões de cães e gatos saudáveis são sacrificados em abrigos dos Estados Unidos. Em alguns deles, esse número é maior que 90 por cento do total de animais abrigados. Nathan não consegue aceitar isso, e muitas pessoas concordam com ele. Ainda que a sabedoria convencional (e a tribo já estabelecida) deixem claro que não há como fazer com que todos esses animais sejam adotados, principalmente os mais velhos, já não tão fofinhos. Para onde todos eles iriam? A tribo no poder não via alternativa.

Começando com um novo abrigo em uma cidade, o mentor da Winograd, Richard Avanzino, os liderou. Ele mostrou a eles que isso *poderia* ser feito, que o status quo não precisaria ficar da forma que estava.

Avanzino implementou programas vistos como de senso comum, mas controversos para a época. A SPCA

(Sociedade de Prevenção de Crueldade Contra Animais) de São Francisco começou castrando os animais antes da adoção. Eles criaram um programa de lar de adoção (muitos animais passavam pelos cuidados desses lares e nunca voltavam). Ele até mesmo encheu uma van com animais de estimação e pegou a estrada, à procura de famílias dispostas a ficar com um deles.

Quando Avanzino apresentou os seus resultados a outros abrigos em uma conferência, alguns presentes se levantaram e saíram. Eles representavam o status quo, e essa tribo não estava pronta para mudar.

O próximo passo era extraordinário: Avanzino tirou a SPCA de São Francisco do negócio de captura e extermínio de animais de estimação, ele recusou um enorme contrato com a cidade e encorajou quaisquer membros da equipe que não compartilhavam da mesma visão a sair e encontrar um novo emprego. Ele formou uma nova tribo, encontrou novas pessoas com uma nova atitude e as liderou.

Dentro de alguns anos, a sua nascente organização teve um superávit de milhões de dólares. A partir daí, Avanzino tentou aprovar uma lei em São Francisco exigindo que o serviço de controle de animais da cidade transferisse todos os animais saudáveis para a SPCA em vez de sacrificá-los. O que aconteceu depois é estarrecedor, mas é verdade: as principais organizações humanas e de vegetarianos foram às audições para protestar *contra* a lei. Eles disseram que isso era inaceitável. Disseram que se as pessoas pensassem que os seus animais de estimação seriam adotados em vez de sacrificados, eles estariam mais propensos a abandoná-los (!).

Então como Avanzino conseguiu que a lei fosse aprovada? Como os seus esforços para salvar dezenas de milhares de pequenos animais foram bem-sucedidos? Simples. A sua nova tribo proporcionou isso. O público proporcionou isso. Avanzino encontrou um grupo (um grande grupo) que queria ouvir a sua história, eles queriam seguir, eles queriam agir. Por volta de 1995, São Francisco era uma cidade sem execuções. Todo animal saudável era adotado, não executado.

A história continua com Winograd. Depois de Avanzino deixar São Francisco, a SPCA começou a perder sua coragem. A liderança estava comprometida. Eles cancelaram o programa de castração gratuito e começaram a comprometer os seus valores. Enojado, Winograd saiu.

Ele acabou na SPCA do Condado de Tompkins, na zona rural do estado de Nova York. Ele era basicamente um apanhador de cães com um pequeno orçamento (em dívida), em um local em péssimas condições e com uma equipe que representava o modo antigo de fazer as coisas.

Winograd seguiu muitos dos passos sobre os quais você leu aqui neste livro. Ele não se comprometeu. Já no primeiro dia de trabalho, ele se recusou a executar (não por eutanásia ou colocando para dormir, mas matar) os animais que estavam sob os seus cuidados. Ele foi claro e enérgico ao falar com a sua equipe e dentro de alguns meses, metade deles (aqueles que não queriam se juntar à tribo) havia partido.

Nathan Winograd entendeu que sem seguidores, não há liderança. Ele foi direto ao seu público. Até as pessoas que queria seguir. Em um ano, mais de quatrocentos artigos foram escritos a respeito do seu abrigo. Surgiram doações. Voluntários apareceram (duzentos voluntários fornecendo doze mil horas de trabalho). Em uma indústria onde 10 ou 20 por cento dos animais envolvidos são adotados, Tompkins adotava mais de 85 por cento, ficando de fora apenas os muito doentes ou agressivos.

E isso não foi apenas um golpe de sorte. Winograd repetiu o seu feito em Charlottesville, Virgínia. Então, após estabelecer uma tribo, ele se mudou para Reno, Nevada, onde repetiu sua façanha mais uma vez. Todas as vezes sem nenhum orçamento concreto e nenhum poder. Apenas com liderança.

Quando as pessoas ouvem essa história, algo vem à tona. Primeiro, a indignação por trás dos milhões de cães e gatos mortos. Segundo, o orgulho de que uma pessoa em uma missão possa fazer tamanha diferença. E terceiro, a consciência de que se Nathan Winograd pode mudar uma terrível tradição de um século, nós também podemos.

Existem tribos lá fora, apenas esperando para serem consolidadas e lideradas. Tudo o que elas precisam é de um líder dedicado e ansioso para fazer a coisa certa.

A história de Nathan me convenceu. Fiquei comovido pela forma como ele se dispôs a fazer a diferença com os animais que não tinham a chance de se pronunciar contra o status quo. Movido pela habilidade dele de enxergar o futuro e torná-lo real. E acima de tudo, movido pela sua habilidade de mobilizar uma tribo e fazer isso de um modo com que todos os envolvidos saíssem ganhando.

A Aparência de um Líder

Qual a aparência de um líder?

Eu conheci líderes ao redor de todo o mundo, em vários continentes e de várias profissões. Eu conheci líderes jovens e velhos, líderes de tribos grandes e minúsculas.

Eu posso lhe dizer o seguinte: os líderes não têm nada em comum.

Nem o gênero, nem o nível de renda. Não têm genes, escolaridade, parentes, nem profissões em comum. Em outras palavras, ninguém nasce líder. Eu tenho certeza disso.

Na verdade, eles têm sim algo em comum. Todo líder de tribo que eu conheci tem em comum a decisão de liderar.

O Que Exatamente Você Deveria Fazer Agora?

Você chegou até o final. E é possível que você sinta falta de alguns checklists, detalhadas listas de "como fazer" e um manual de instrução no estilo *Para Leigos*, que mostra a você exatamente o que fazer para encontrar uma tribo e liderá-la.

Eu acredito que este era o ponto.

Eu posso dizer que vou receber uma porção de críticas da maioria das pessoas a respeito do que você acabou de ler. Elas talvez digam que este livro é muito desorganizado e não é suficientemente prático, ou que eu exijo que você tenha muito trabalho para conquistar realmente qualquer coisa. Sem problemas. De fato, críticas como essas quase sempre vêm acompanhadas de mudanças.

Toda tribo é diferente. Todo líder é diferente. A própria natureza da liderança é que você não está fazendo o que foi feito antes. Se estivesse, você estaria seguindo, não liderando.

Tudo o que eu posso esperar é que você venha a fazer uma escolha. Todo líder que eu conheci fez uma escolha, e eles estão felizes por isso.

Você pode escolher liderar, ou não. Você pode escolher ter fé, ou não. Você pode escolher contribuir com a tribo, ou não.

Existem milhares de motivos pelos quais você, entre todas as pessoas, não é o certo para liderar? Por que você não tem os recursos ou a autoridade ou os genes ou a dinâmica para liderar? Provavelmente. E daí? Você ainda precisa fazer uma escolha.

A partir do momento que você escolher liderar, você estará sob uma enorme pressão para que reconsidere a sua escolha, para que se comprometa, para que mude, ou desista. Você com certeza irá. Este é o trabalho do mundo: fazer com que você fique quieto e siga. O status quo é o status quo por um motivo.

Mas quando você escolher liderar, descobrirá também que isso não é tão difícil. Que as opções disponíveis para você parecem muito claras, e sim, de fato, você pode ir daqui para lá.

Vá.

Uma Última Coisa

Posso lhe pedir um favor?

Se você entendeu alguma coisa deste livro, se você destacou, circulou ou anotou, eu espero que você faça algo por mim:

Dê esta cópia para alguém.

Peça a essa pessoa que leia. Implore para que eles façam uma escolha a respeito da liderança.

Nós precisamos deles. Nós precisamos de você.

Espalhe a palavra.

Obrigado.

"Eu não tenho certeza de onde estou indo. Eu vou liderar!"

— **EMMANUELLE HEYMAN**

Agradecimentos e a História de *Tribos*

Eu sou um grande fã de Cory Doctorow. Os livros dele são fantásticos (sem falar do blog). Há alguns anos atrás, eu li *Eastern Standard Tribe,* e a ideia das tribos ficou em mim.

Mais tarde, em 2007, Corey Brown (sem relação), o diretor de operações da Squidoo.com, uma companhia que eu fundei, começou a me falar a respeito das tribos também. Ele estava levando adiante a ideia de facilitar com que os lensmasters da Squidoo encontrassem e coordenassem as suas tribos online.

Anos atrás, Hugh MacLeod (sem relação), o mais popular cartunista motivacional para o mundo empresarial (quem sabia que era possível viver disso?), desenhou um cartoon (o mais popular já criado por ele) com a legenda: "O mercado de coisas em que acreditar é infinito" — assim que eu li isso, eu soube que queria escrever um livro a respeito daquela ideia.

Em janeiro de 2008, falando e escrevendo sobre a indústria musical, eu comecei a postar sobre as tribos.

Seis semanas mais tarde, Kevin Kelly, o editor fundador da *Wired,* escreveu um post que ele chamou de True Fans (Fãs Verdadeiros). Ele capturou alguns pensamentos cruciais sobre as tribos e o seu poder.

Robert Scoble, o blogueiro, entrevistou inúmeros líderes de tribos, dando a mim todos os tipos de forragem, mas sem se dar conta de que ele estava fazendo isso.

Meus parabéns a Clay Shirky por escrever *Lá vem todo mundo — O poder de organizar sem organizações* (Zahar), que irá atualizá-lo sobre as tribos online.

No fim de fevereiro de 2008, eu tive a sorte de ler a grande obra de Adam Gopnik no *New Yorker* a respeito da tribo mundial dos mágicos. Jammy Ian Swiss encarna, de algumas maneiras, a liderança da qual estou falando.

E então, algumas semanas mais tarde, em março, após ter terminado de escrever o meu livro, meu editor me sugeriu *O Executivo e Sua Tribo* (Planeta Brasil), de Dave Logan, John King e Halee Fischer-Wright. Este foi um título magnífico. Eu simplesmente saí e comprei um exemplar, e eu recomendo que você o leia se tiver a chance, já que a obra tem algo em comum com este livro.

Eu tive o privilégio de trabalhar com a tribo de autogerenciamento de 250 mil pessoas na Squidoo, liderada por Megan, Corey, Gil, Anne, Kimberly e Blake. Obrigado, pessoal, por me mostrar como isso funciona.

Existem heróis em minha vida, pessoas que me ensinam, através de suas ações, não por palavras. Jacqueline Novogratz vai para o trabalho todo dia e muda o mundo para melhor. Ela lidera uma tribo que é ainda melhor por causa de entusiasmo e amor. Ela define um exemplo do que a liderança realmente é. Eu tenho a ambição de ser pelo menos um pouco igual a ela. E o meu pai, Bill Godin, trabalha incansavelmente para enriquecer a sua comunidade com o poderoso trabalho que ele faz todo dia. Ele envia uma mensagem para mim (e para o resto de nós) através do seu trabalho.

Eu gostaria de agradecer também a todo o clube de esqui Heyman por sua paciência e inspiração, Megan Casey por me incentivar a ser extraordinário, e Lisa, Will, Adrian, Mark, Courtney e Allison por manterem suas promessas. Lynn Gordon, é claro, Lisa Gansky também. E obrigado a Catherine E. Oliver por não deixar nada faltar.

Como sempre, este livro é dedicado a Helene. Eu estou feliz por ser parte da sua tribo.

Conheça outros livros de negócios

Todas as imagens são meramente ilustrativas

ALTA BOOKS
EDITORA

- Idiomas
- Culinária
- Informática
- Negócios
- Guias de Viagem
- Interesse Geral

Visite também nosso site para conhecer lançamentos e futuras publicações!

www.altabooks.com.br

/altabooks

/alta_books

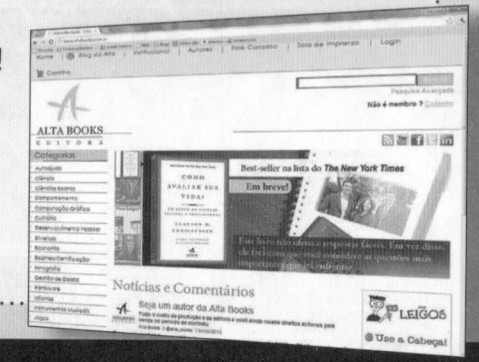

Seja autor da Alta Books

Todo o custo de produção fica por conta da editora e você ainda recebe direitos autorais pela venda no período de contrato.*

Envie a sua proposta para autoria@altabooks.com.br ou encaminhe o seu texto** para: Rua Viúva Cláudio 291 - CEP: 20970-031 Rio de Janeiro

*Caso o projeto seja aprovado pelo Conselho Editorial.

**Qualquer material encaminhado à editora não será devolvido.